AF344123

PRINCIPES

DE

L'ADMINISTRATION

POLITIQUE.

Tome III.

PRINCIPES

DE

L'ADMINISTRATION

POLITIQUE,

OU DE L'ADMINISTRATION DE TOUTES LES
SOCIÉTÉS CIVILES, DE TOUS LES ÉTATS
QUELQUES DIFFÉRENCES POLITIQUES,
MORALES ET PHYSIQUES QU'IL Y AIT ENTR'
EUX, LA MANIERE DE LES APPLIQUER, ET
LEUR APPLICATION A LA FRANCE.

Da veniam scriptis, quorum non gloria nobis
causa, sed utilitas officiumque fuit.

Ovidius ex Ponto, III, 9.

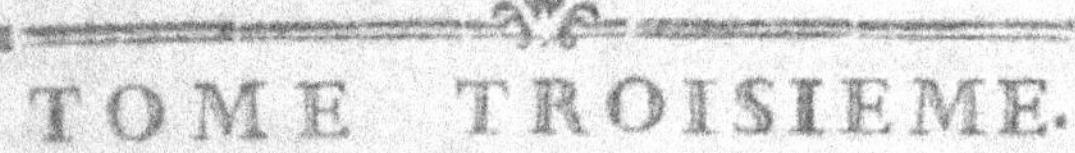

TOME TROISIEME.

A LONDRES,

MDCCLXXXVII.

PRINCIPES

DE

L'ADMINISTRATION

POLITIQUE.

LIVRE VINGT-DEUZIEME.

Du transport de l'argent ce signe représentatif des productions de l'Agriculture & de l'Industrie, qui a été imaginé pour en faciliter l'échange ou le commerce.

CHAPITRE PREMIER.

Transport inutile & nuisible de l'argent.

ON l'a déja observé : Il y a ordinairement diverses productions de l'agriculture & de l'industrie dans les différentes provinces

& les différens lieux d'un état. Il s'en fait entr'eux une communication, un échange réciproques pour se pourvoir de celles dont ils ont besoin & se défaire de celles dont ils ont un superflu.

Mais les échanges n'ont pas lieu des unes contre les autres en nature; Ils s'opèrent, contre l'argent qui est le signe commun que les hommes ont imaginé pour les représenter & les échanger plus facilement, plus commodément.

Il doit donc se faire un transport réciproque & continuel d'argent entre les différentes provinces & les différens lieux d'un état pour la communication, l'échange de leurs diverses productions.

On doit donc toujours en porter & rapporter des uns dans les autres.

Pour l'ordinaire il y a dans un état un superflu au moins de quelques-unes des productions de l'agriculture & de l'industrie, & l'on y a besoin ou l'on y désire de celles des pays étrangers. Il se fait entr'eux des échanges mutuels des unes & des autres. Ils s'opèrent aussi par le moyen du signe

repréſentatif de ces productions , de l'argent
Ce qui en occaſione un tranſport ré ciproque & continuel entr'eux.

Mais il eſt évident que ces divers tranſports d'argent ſont inutiles & ſuperflus à concurrence de l'égalité de la valeur de ces productions dont il ſe fait u n commerce entre les différentes provinces & les différens lieux d'un état, & de celles dont il s'en fait un entre les citoyens & les étrangers. Ils cauſent d'ailleurs des embarras; Ils ſont coûteux ; Ils ſont riſqu ables ; Ils s'expoſent à des pertes ; Ils ſont lents & longs.

Il eſt évident auſſi que l'ar gent qu'on tranſporte , ne remplit point pendant le temps des voyages ſa deſtination de ſigne , qu'il n'eſt point employé pe ndant les circuits qu'on lui fait faire au commerce des productions de l'agriculture & de l'induſtrie , qu'on l'y enleve , qu'on nuit en l'en privant.

CHAPITRE II.

Moyen d'éviter le transport inutile de l'argent & nuisible au commerce, en favorisant encore d'une autre maniere ce principe de la puissance de l'État.

Il est un moyen naturel & simple pour éviter le transport réciproque & continuel d'argent qui se fait entre les différentes provinces & les différens lieux d'un état pour l'échange de leurs diverses productions. C'est d'établir dans chacune une caisse où l'on puisse convertir l'argent contre des reconnoissances ou billets qui le représentent parfaitement, dont le payement soit évidemment assuré, soit exigible à volonté, puisse être obtenu avec la plus grande facilité. Or pourque ces reconnoissances ou billets ayent ces avantages essentiels, ils n'ont qu'à être payables à vue. On peut de plus les faire acquitter par les receveurs de l'unique imposition, de tous impôts, de tous droits, de tous revenus généralement de l'État, de même que par ces caisses. Il en résultera

un double avantage, une grande diminution
des frais de port des fonds de la caisse de
ces receveurs dans celles des receveurs -
généraux.

Ces reconnoissances ou billets sont de
nature à être transportés facilement &
promptement dans toute l'étendue d'un
état, à ne coûter presque rien de port, à
ne pas courir les mêmes risques que l'argent.

Plutot que de le transporter pour payer
les diverses productions dont il se fait un
commerce entre ces différentes provinces
& les différens lieux qui en dépendent,
il y aura lieu de préférer de l'échanger dans
ces caisses contre des billets qui seront
plus portatifs, qui seront payables à volonté,
qu'il sera facile de faire acquitter par tout
où ils seront envoyés.

Ce moyen en est aussi un d'éviter un
transport réciproque d'argent entre un état
& les pays étrangers pour le commerce
de leurs diverses productions. Il y aura
lieu de l'échanger de même dans ces caisses
pour payer celles qu'on achete d'eux, contre des billets qu'il sera facile & peu coûteux

de leur faire parvenir, qu'il leur sera éga-
lement avantageux de renvoyer pour payer
celles qu'on leur rend.

LES facilités qu'exige, dont à besoin le
commerce, font qu'une grande partie des
payemens ne se font pas comptant; Mais
c'est le favoriser d'une très-grande que
de lui procurer celle de faire escompter les
assurances ou promesses qui en sont données
à terme; Elle est une des plus capables d'en
multiplier les opérations; d'en augmenter
l'activité.

OR le moyen le plus convenable, le
plus propre qu'il puisse y en avoir, & de
le faire faire par ces caisses. Les escomptes
qui s'y opéreront donneront un produit
considérable: Il fournira les fonds nécessaire pour subvenir aux frais d'administration
qu'elles exigeront, il procurera de grands
bénéfices, ces puissantes manieres de favoriser le commerce, auront l'heureux effet
de faire baisser l'intérêt de l'argent & le
change, de donner une grande activité à
la circulation.

ELLES mettront le comble aux grands

avantages que lui a procurés l'invention des
poftes & des lettres de change; Elles peuvent le rendre le plus floriffant, particuliérement dans un état comme la France
dont le fol eft excellent & très - fertile ,
dont les habitans font très - induftrieux
& très - actifs, qui eft arrofé de rivieres
navigables & environné en grande partie
de la mer.

LE fouvenir de la banque royale ne doit
point exciter une injufte prévention contre
ces caiffes; Il ne doit point faire faire une
fauffe comparaifon. On eft bien éloigné
d'adopter les principes & le fyftême de
fon auteur. Qui pouroit avoir la hardieffe
de les renouveler & de prétendre que le
papier eft plus propre à devenir monnoie
que l'or & l'argent, que la monnoie de
papier doit avoir la préférence & l'a-
vantage fur celles de ces métaux venans
des pays étrangers, qu'il eft de l'intérêt
de l'Etat d'abolir celle - ci & d'établir celle-
là! De pareilles abfurdités ne font faites
que pour révolter le bon fens.

CHAPITRE III.

De l'établissement de caisses propres à empêcher le transport inutile & nuisible de l'argent.

Il est une chose capitale & essentielle pour réussir à empêcher dans l'intérieur de l'État & au dehors le transport inutile de l'argent, & nuisible au commerce en établissant des caisses où l'on puisse le convertir contre des billets beaucoup plus portatifs, qui le représentent: C'est qu'elles ayent la confiance la plus entiere, la plus parfaite du public.

Or pour qu'elles l'obtiennent il est nécessaire qu'elles lui offrent des sûretés réelles de leurs engagemens; Mais elles ne le peuvent qu'en ayant un fonds capital proportionné à leurs opérations. Ce fonds n'y sera point mort ni stéril; Il sera employé à escompter les assurances ou promesses des payemens à terme. Cela n'empêchera pas qu'il n'y soit toujours effectif, parceque

ce qui en fortira pour cet objet lucratif,
fera remplacé par ces effets, qui étant à
terme peu long, feront de nature à être
facilement & promptement réalifés ou convertis en argent.

Il eft très - important auffi pour gagner
la confiance du public que la direction de
ces caiffes foit confiée à des adminiftrateurs
capables de la mériter: Ils doivent être
fur-tout recommandables par leur capacité
& leur probité. Mais il eft une chofe qui
peut finguliérement concourir à la leur procurer: C'eft d'exciter & d'affurer en eux
l'activité & le zele néceffaires en les in-
terreffant au fuccès de leurs opérations :
Il n'y a pour cela qu'à leur accorder une
part dans leurs bénéfices.

Mais il eft des états où ces caiffes n'ob-
tiendroient pas cette confiance, fi c'étoient
eux qui en fiffent l'établiffement, fi c'étoient
eux qui en fourniffent le fonds capital , fi
c'étoient eux qui en réglaffent l'adminiftration. On pouroit craindre qu'ils n'en
abufaffent, qu'ils n'en divertiffent le dépot
réel qui doit former la fûreté de leurs re-

connoissances ou billets, qui doit les représenter, qu'ils n'en disposassent dans les besoins
qui peuvent leur survenir. Il y auroit lieu
en effet d'appréhender qu'ils ne profitassent
d'un moyen si facile de subvenir aux dépenses extraordinaires auxquelles les expo-
sent mille événemens. Cette crainte ne
manqueroit pas de naître, & d'effrayer les
esprits en France où l'Etat se trouve accablé
d'un capital énorme de dettes, & est forcé
d'avoir souvent recours à des emprunts.

Mais on peut faire faire dans un état
l'établissement de ces caisses par une compagnie qui en forme de ses deniers le fonds
capital, & qui en ait l'administration. Cela
peut s'exécuter facilement : Il n'y a qu'à en
annoncer la résolution, ouvrir une sous-
cription à un lieu public pour former cette
compagnie, & faire un choix entre les personnes qui se présenteront.

Cette compagnie fera les réglemens
nécessaires pour l'administration & les opérations de ces caisses ; Elle choisira des
officiers dignes de la confiance publique
pour la charger ; Elle tiendra des assemblées
aussi souvent qu'il sera convenable ; Elle

fera la diftribution du travail qu'exigera
cette adminiftration; Elle formera des
bureaux pour fes différens objets; Elle
réglera des départemens pour la corefpon-
dance.

Mais foit que l'établiffement de ces
caiffes ait lieu de la part d'une compagnie
ou de la part de l'Etat, il eft de la derniere
importanee qu'il foit fait les réglemens
pour leur adminiftration & leurs opérations les plus propres à établir l'ordre ,
l'exactitude, la fidélité , à procurer & affurer la confiance du public.

Il convient qu'il foit fait deux fois par
an un compte ou une balance pour conf-
tater les bénéfices; Il paroît même qu'il
feroit prudent & fage d'en donner la connoiffance, d'en ordonner la publicité afin
de corroborer cette confiance.

CHAPITRE IV.

Des opérations des caisses propres à empêcher le transport inutile & nuisible de l'argent.

L'OPÉRATION essentielle de ces caisses doit être d'échanger contre des reconnoissances ou billets l'argent des personnes qui voudront éviter les embarras, les frais, les risques, les lenteurs, les longueurs de son transport ; Mais ces billets devant le représenter parfaitement, n'être qu'un signe représentatif de celui qui a été dépoté dans ces caisses, qui doit être exigible à volonté, il n'en doit être faits, comme on l'a dit, que de payables à vue ; Mais il faut de plus qu'ils n'ayent cours que pendant un temps limité, comme celui d'une année, afin que ne paroissant & ne pouvant être dans le commerce que pour un temps, ils n'acquierent pas la qualité de monnoie, qu'ils n'ayent point l'effet de toute augmentation des especes, particulié-

rement

rement celui de renchérir le prix des denrées.

CE doit être une autre opération de ces caisses d'escompter les lettres de change, les effets commerçables qui sont solides ; Mais ils doivent être sujets à l'examen de leurs directeurs & reconnus tels par eux ; Mais pour qu'elles favorisent le commerce autant qu'elles en sont capables, il faut que ce soit à un modique intérêt, comme à un qui n'excede point le quatre pour cent.

AFIN de donner la plus grande solidité à leur établissement & de n'en pas laisser les opérations arbitraires, il doit être fixé un terme que ne puissent point exceder les lettres de change, les effets commerçables dont elles avanceront le montant, comme celui de deux ou trois mois.

C'EST une chose absolument nécessaire pour qu'elles jouissent d'un crédit solide, qu'elles ne puissent jamais faire aucune entreprise, ni contracter aucun emprunt de quelque maniere, ni sous quelque prétexte que ce soit.

Tome III. B

Rien ne pouroit être plus contraire à l'objet de leur établissement, que de nuire aux négocians, aux commerçans. Elles ne doivent point porter atteinte à la liberté qu'eux & les banquiers doivent avoir de faire les mêmes opérations; Elles ne doivent faire aucun commerce soit par terre, soit sur mer, aucune commission soit au-dedans, soit au-dehors.

CHAPITRE V.

Avantages particuliers que peut procurer à l'État l'établissement des caisses propres à empêcher le transport inutile & nuisible de l'argent.

Si l'établissement de ces caisses est fait par l'État, les bénéfices lui en doivent appartenir : Il est sensible qu'ils ne peuvent n'être pas très-considérables. S'il est fait par une compagnie, il y en a une portion qui doit aussi lui appartenir en vertu de la contribution qui lui en est due

ainsi que de tout autre produit du commerce.

Mais elles sont de nature à lui procurer
d'autres avantages particuliers très-grands;
Elles seront dans le cas d'escompter les
rescriptions qu'il poura lui convenir de
faire tirer sur les receveurs ou trésoriers
de ses revenus, qui ne seront pas à un plus
long terme que celui qui sera fixé pour
tout autre effet : Elles en formeront sans
contredit de très-solides. Ces avances ne
lui coûteront rien dans la réalité par le
moyen ou des bénéfices de ces caisses qui
devront lui appartenir, ou de la portion
dont il lui en devra être contribué. D'ailleurs dans le cas où il ne fasse pas l'établissement de ces caisses, il est facile de
l'y intéresser.

Un moyen si facile, si commode à un
état de se procurer les avances dont il est
exposé par les différens événemens extraordinaires qui peuvent survenir, d'avoir besoin, est une ressource très-avantageuse,
très-précieuse. Il en doit être une sur-tout
pour la France qui est obligée de les ache-

ter à un prix exceffif; Il doit la tirer de la
dépendance pernicieufe & dangereufe des
gens d'affaires.

Il eſt fenfible que ce doit être un effet
naturel des opérations de ces caiſſes de
faciliter prodigieufement le recouvrement,
l'emploi des revenus & des reſſources de
l'Etat, ou des finances, & d'en diminuer
étonnamment les frais. La confiance la
plus parfaite en leurs reconnoiſſances ou
billets, l'aſſurance de leur payement à volonté, à vue, les feront circuler comme
l'argent, & eſtimer autant que lui : On
leur donnera même la préférence pour
éviter les embarras, les frais, les rifques,
les lenteurs, les longueurs de fon tranfport.
Ils feront non-feulement reçus en payement dans les différentes caiſſes de receveurs & tréforiers, mais ils feront plus dé-
firés, plus accueillis par eux que les efpeces.

Il eſt évident que les caiſſes dont il
s'agit peuvent par leurs opérations remplir
dans le royaume tous les objets dont eſt
chargé le banquier de la cour, & que ce
doit être non à un intérêt & à un prix

beaucoup moins chers, mais même fans qu'il en coûte rien à l'Etat. C'eſt un moyen très-important de n'avoir plus beſoin de ſa négociation intermédiaire pour les reſcriptions & aſſignations dont celui-ci fait uſage à l'égard des avances dont il a beſoin : C'en eſt un de ne plus être dans ſa dépendance, de ne plus ſubir la loi & les conditions qu'il dicte, qu'il impoſe en maître : C'en eſt un de ſecouer le joug du pouvoir, de l'empire dont jouiſſent depuis long-temps ceux qui rempliſſent cette place ſi délicate.

Fin du vingt-deuxieme Livre.

CHAPITRE PREMIER.

De l'origine des droits féodaux.

Les grands changemens qui arriverent dans la nature des fiefs bientôt après leur origine non-seulement en France comme on l'a vu, mais encore dans toute l'Europe, l'établissement qui devint général des arriere - fiefs, la capacité qu'acquirent les hommes libres de posséder des biens fiscaux, la faculté qu'ils obtinrent de changer leurs aleux en fiefs, la liberté qu'ils eurent de choisir pour seigneur qui ils voulurent, du souverain ou de ses vassaux, l'hérédité qui s'introduisit des grands offices, affoiblirent insensiblement & anéantirent enfin l'autorité souveraine.

Un simple droit seigneurial y succéda. Un tout - à - fait étrange, jusqu'alors inconnu, la suzeraineté naquit & la remplaça. Il n'y eut presque plus à la place de sujets

que des vaſſaux & des arriere - vaſſaux. Il
s'établit une anarchie générale : Il ſe forma
une infinité d'eſpeces biſarres de petits états
à la tête deſquels il y eut des guerriers fé-
roces ayant toujours les armes à la main.

Ces petits deſpotes furent dévorés d'ambition & de cupidité. Ils mirent en œuvre
à l'envi les uns des autres tous les moyens
qu'ils crurent propres à les rendre puiſſans
& riches ; Ils employerent tous ceux dont
la tyrannie & la violence purent dans les
circonſtances faire uſage pour y réuſſir ;
Ils ſe livrerent à toutes ſortes d'exactions
& de vexations.

Ce fut ſur-tout à l'égard des agriculteurs. Il n'y en eut point qu'ils n'imaginerent pour s'arroger les productions qu'ils
font naître, ces uniques vraies & réelles
richeſſes : Ils les obligerent de leur en
payer pour les terres qu'ils cultivoient ;
Ils en exigerent des quantités arbitraires
& fixes ſans avoir égard aux avances, aux
travaux qu'elles coûtent, ſans conſidérer
les accidens auxquels elles ſont expoſées ;
Ils les obligerent de leur en payer encore

pour les charues & les bêtes fervantes à leur culture ; Ils les obligerent de leur en payer auffi pour leurs habitans & les terreins contigus, par feux & ménages. Plufieurs en exigerent le payement en argent en leur impofant en outre la charge de les échanger contre ce figne repréfentatif de ces richeffes.

La plûpart s'attribuerent de plus le droit exclufif de donner à ces productions les préparations, les façons néceffaires pour les ufages auxquels elles font naturellement propres ; Ils s'arrogerent celui de moudre les grains, celui de cuire les pâtes, celui de preffurer la vendange ; Ils retinrent au gré de leur cupidité des quantités arbitraires de farine, de pain, de vin fous le prétexte du payement de ces façons, de ces préparations.

Plusieurs établirent encore des redevances en miel, en lait, crême, beure, fromage, en volaille, & même en bétail.

Ces petits defpotes ne furent pas contens ; Ils voulurent avoir de plus une partie du prix des fonds qu'on vendoit : Ils

voulurent même avoir la préférence à leur
égard, ou la céder à leur fantaisie; Ils
obligerent, du moins le plus grand nombre,
de cultiver leurs terres, d'en recueillir &
voiturer les productions; Ils obligerent de
conduire en leurs châteaux leurs provi-
fions, leurs confommations; Ils obligerent de faire leurs commiffions, leurs
meffages; Ils obligerent de réparer, d'entretenir leurs forterefles : Ils obligerent
d'y faire guet & garde. Il y en eut qui
oferent obliger d'en battre pendant la nuit
les eaux des foffés pour empécher le coaf-
fement des grenouilles de troubler leur
fommeil. Il y en eut qui obligerent encore
à des fervices domeftiques. Il y en eut qui
affervirent à des devoirs les plus tyranni-
ques, contraires même aux bonnes mœurs.

Tous impoferent de plus des tailles fur
leurs fujets : Tous les aftreignirent à être
toujours armés. Tous les contraignirent
à les fuivre à la guerre à leurs frais. Tous
les forcerent à porter les armes contre le
fouverain en certains cas.

Bien plus, une grande partie de ces

tyrans les dépouillerent de la liberté ; Ils
en firent des esclaves de la glebe ; Ils les
priverent de toute propriété ; Ils ne leur
laisserent qu'une possession purement pré-
caire

Ceux qui eurent l'avantage de posséder
des villes, des bourgs, des lieux considérables où il y avoit, où il pouvoit y
avoir des marchés, des foires, firent
contribuer les artisans des productions de
leur industrie. Etant plus commode, plus
avantageux de le faire faire de la valeur
en argent, ils leur imposerent la charge
de les échanger contre ce signe commun
de ces productions & de celles de l'agriculture ; Ils les soumirent par ce moyen
à divers droits.

Leur cupidité insatiable en trouva aussi
de se satisfaire à l'égard du commerce ;
Elle mit encore à contribution les unes
& les autres de ces productions dont il
opéroit la communication & l'échange ;
Elle s'attribua une partie de celle qui
étoient mises en vente dans les marchés,
dans les foires & ailleurs, ou elle en exigea

la valeur en argent; Elle s'attribua une
partie de celles dont on faiſoit le tranſport
d'un endroit en un autre, à l'entrée, à
la ſortie des villes, des bourgs & d'autres
lieux, dans ceux de paſſage, ſur les rivieres, ſur les ponts, ſur les bacs; Elle
s'arrogea de plus le droit de poids &
meſures; Elle retint à ſon gré pour en faire
payer l'uſage, une partie des denrées, des
marchandiſes qu'on peſoit, qu'on meſuroit

Ces exactions, ces vexations pour le
plus grand nombre ayant eu lieu généralement, & le joug en ayant été porté
pendant long-temps, on s'y accoutuma.
Ces deſpotes s'en étant prévalus, étant ap-
puyés, d'une longue poſſeſſion, ayant tout
pouvoir, les firent regarder comme des uſa-
ges : Ils parvinrent à les faire conſidérer
comme des coutumes, les transforme-
rent, les métamorphoſerent en droits.

Ainſi que différens événemens dont on
a parlé, avoient cauſé l'anéantiſſement de
l'autorité ſouveraine, de même divers
changemens qui ſurvinrent, en occaſio-
nerent le rétabliſſement. Elle recouvra

peu à peu des forces; Elle reprit infen-
fiblement de la vigueur; Elle détruifit
enfin la funefte anarchie qui s'étoit établie fur fes débris; Mais ces droits de
l'efpece la plus étrange, d'une inconnue
jufqu'alors, qu'elle avoit enfantés, fub-
fifterent toujours; Ils avoient paffé en
ufage; Ils étoient érigés en coutumes;
Ils étoient confacrés par le droit civil
des différens états de l'Europe. Il ne ré-
fulta que l'extinction d'un le plus révoltant de tous, de celui jufqu'auquel ces
guerriers effrénés oferent porter l'audace,
par lequel ils obligerent leurs fujets de
les fervir à la guerre, de porter les armes contre le fouverain en certains cas.

CHAPITRE II.

Funeftes effets des droits féodaux.

Les droits féodaux fruftrent les agriculteurs d'une grande partie du fruit de leurs
fueurs; Ils enlevent leur travail; Ils les
afferviffent à des devoirs, même nombre

d'eux à une espece d'esclavage; Ils leurs
ôtent les facultés & le temps de faire les
divers ouvrages qu'exigent la culture & la
fertilité des terres; Ils les dépouillent d'une
quantité prodigieuse de leurs productions;
Ils les découragent d'en faire naître de
nouvelles.

Ces droits chargent les fonds de redevances; Ils les infectent de servitudes; Ils
éteignent la propriété que les citoyens qui
les possédent, doivent avoir pour les faire
valoir; Ils détournent des réparations, des
améliorations dispendieuses.

On ne suit pas le penchant pour la premiere occupation des hommes; On méprise
l'agriculture; On cherche des moyens de
vivre hors des campagnes; On ne cultive
pas toutes les terres, ou on ne les cultive
pas bien; On ne leur fait pas produire les
plantes nécessaires, utiles, agréables, ou
on ne le fait pas autant qu'elles en sont
capables.

Les droits féodaux frustrent aussi les
artisans d'une partie du salaire de leur travail;
Ils contrarient leur industrie; Ils les assu-

jettissent à des formalités, à des gênes;
Ils diminuent en eux les moyens & l'émulation de donner les différens soins que
demande l'exercice & la perfection des arts;
Ils leur ravissent un grand nombre de leurs
productions; Ils les rebutent d'en enfanter
d'autres.

CES droits imposent sur les arts des
contributions; Ils leurs occasionent des
vexations; Ils attaquent la seule faculté
que peuvent avoir les citoyens qui ne participent point à la propriété des biens-fonds,
ou celle de travailler; Ils dégoûtent des
apprentissages, des dépenses nécessaires.

ON n'exerce pas les talens pour les différens arts; On néglige l'industrie; On
court après les moyens de vivre dans l'oisiveté; On ne travaille pas les productions
de la nature, ou on ne les travaille que
peu; On ne leur donne pas des perfections,
des formes, des agrémens, ou on ne le fait
pas autant qu'elles y sont propres.

LES droits féodaux frustrent enfin aussi
les commerçans d'une partie du produit de
leurs opérations; Ils troublent leurs spé-

culations; Ils les expofent à des injuftices, à des fraudes; Ils affoibliffent en eux la capacité & l'envie de faire les entreprifes capables de procurer l'échange des productions de l'agriculture & de l'induftrie entre les citoyens ou avec les étrangers; Ils leur enlevent une portion notable de fes bénéfices; Ils les détournent d'en tenter d'autres.

Ces droits mettent à rançon les différentes branches de commerce; Ils leur fufcitent des difficultés; Ils portent encore à cet égard atteinte à la feule faculté que peuvent avoir les citoyens qui ne participent point à la propriété des biens-fonds; Ils nuifent aux avances néceffaires.

On ne fait pas ufage des difpofitions pour les divers négoces; On répugne le commerce, On préfére les profeffions oifeufes; On n'échange pas les diverfes productions de l'agriculture & de l'induftrie, ou on ne les échange pas fuffifamment; On n'en opere pas la circulation au-dedans de l'Etat & l'exportation au-dehors, ou on ne le fait pas autant qu'elles en font fufceptibles.

Lorsque le gouvernement politique a été
rétabli, lorsque les especes de petits états
qu'on s'étoit efforcé de former ont été
réduites à leur véritable nature, à de simples
propriétés, lorsque ceux dont on avoit
voulu les démembrer ont été réintégrés
dans la leur, tout ce qui avoit été converti,
érigé en droits à toujours subsisté. Les
droits féodaux ont ainsi formé de grands
obstacles à ce que l'Etat pût faire contribuer les citoyens du produit de leurs
biens pour procurer le bien général; Ils
ont gêné, empêché l'établissement des
impositions, des impôts nécessaires pour
ce bien suprême; Ils en ont rendu la perception très - difficile; Ils en ont rendu
le produit très - incertain; Ils ont ôté au
peuple les facultés d'en faire le payement;
Ils lui ont ôté les forces d'en supporter
le poids.

CHAPITRE III.

Que les droits féodaux sont très - désa-
vantageux à leurs propriétaires mêmes.

Les droits féodaux ne purent ne pas être
de la nature la plus vicieuse ; Ils ne purent
ne pas être d'une nature analogue au principe qui les avoit enfantés ; Ils ne purent
ne pas être d'une nature aussi pernicieuse
que l'anarchie, la tyrannie.

Ces droits n'eurent pas seulement les
effets les plus funestes ; Ils eurent encore
de très - grands désavantages pour leurs
propriétaires ; Mais ils en ont eus dans
la suite de bien plus grands par l'effet des
heureux changemens qui sont arrivés.

La force, la violence qui les avoit établi,
devoient les maintenir, & devoient en faire
jouir ; Or elles n'ont plus eu lieu, il n'a
plus été possible d'en faire usage depuis que
l'autorité souvraine a été rétablie, depuis
que l'anarchie féodale a été anéantie, depuis
que tout est rentré dans l'ordre & le devoir.

Les droits d'agrieres, de terrages, de

Tome III. C

champarts se perçoivent à l'égard des diverses productions des terres dans un même temps, pendant celui de leur récolte ; Ils se perçoivent dans chaque fonds où il y en a d'ensemencées. Cela ne peut se faire que par le concours d'un grand nombre de collecteurs ; Or il faut les mettre en œuvre : Il faut les faire agir : Il faut les surveiller : Il faut prendre garde que leur négligence ne fasse des omissions ; Il y faut examiner si la fraude ne leur tend pas des piéges : Il faut les pourvoir de voitures pour enlever ce qu'ils recueillent ; Il faut avoir attention sur elles leur dans trajet : Il faut consacrer des soins de diverses natures aux productions qu'elles amenent ; Il faut leur donner des préparations, des façons nécessaires.

On ne peut plus contraindre les débiteurs de ces droits qui cherchent à s'y soustraire par la force, par la violence ; On ne le peut que par les voies, par l'autorité de la justice ; On ne le peut qu'en les traduisant, les poursuivant dans des tribunaux ; On ne le peut qu'en se servant du ministere des gens de pratique & de loi ; On ne le peut qu'en ayant des procès longs, ennuyeux, & coûteux ; On ne le peut qu'en sacrifiant des avances qu'il est désagréable de faire & des frais qu'il n'est possible de recouvrer ; On ne le peut qu'au prix de beaucoup de soins, de démarches, de sollicitations.

La perception des cens, redevances, rentes foncieres jette dans les détails les plus minutieux ; Elle exige le travail le plus fastidieux ; Elle oblige à des confections fréquentes de rôles, de manuels ; Elle rend nécessaires toutes les années des perquisitions à l'égard des changemens de débiteurs ; Elle ne peut se faire sans poursuites en justice contre quelques uns d'eux ; Elle ne peut s'opérer qu'avec difficulté, lenteur & des frais assez considérables ; Elle ne peut produire un revenu certain & fixe.

Il est besoin pour les lods & ventes de rechercher continuellement les aliénations qui se font : Il l'est d'en connoître la nature : Il l'est d'examiner si elles n'ont pas été faites avec fraude pour éluder ces droits : Il l'est de découvrir les artifices dont cela est praticable : Il l'est de se pourvoir en juſtice contr'eux & de les mettre dans la plus grande évidence : Ces droits ne forment de plus qu'un caſuel d'un produit très-incertain, trés-irrégulier.

On ne conſerve de plus les cens, redevances, rentes-foncieres que par une attention continuelle ſur les mutations de propriérés, que par une grande exactitude de faire faire des reconnoiſſances aux acquéreurs, que par la dépenſe très-coûteuſe de renouveler ſouvent les terriers. Il eſt impoſſible même d'en venir à bout ſans des procés dont l'objet eſt ſans proportion avec les peines, les démarches, les frais qu'ils cauſent.

Les droits de bannalités ſont contraires à la liberté; Ils n'ont lieu que par le moyen d'une guerre continuelle au penchant naturel de ſuivre ſa volonté, à l'apat ſéduiſant de rechercher ſon profit. Il eſt néceſſaire d'avoir des gardes qui ſoient toujours en embuſcades, qui faſſent toujours le guet. Il faut avoir recours à la juſtice contre ceux qui ſont ſurpris en contravention. Il n'arrive que trop ſouvent que de pareils droits

rebutent, excitent à les attaquer. On eſt
expoſé à avoir à leur ſujet des procès très -
conſidérables, nullement favorables. Les
dépenſes néceſſaires pour la jouiſſance &
la conſervation de ces droits emportent
la plus grande partie de leur produit.

Les corvées & autres ouvrages de cette
eſpece ſont auſſi contraires à la liberté ;
Ils ne préſentent qu'une idée de violence
& d'oppreſſion. On ne s'y détermine que
difficilement & malgré ſoi ; On ne s'y rend
qu'avec répugnacne & mauvaiſe volonté ;
On n'y travaille que lâchement & mal. Ils
alienent des ſeigneurs les eſprits & les
cœurs de leurs ſujets ; Ils les leur rendent
odieux ; Ils les leur font regarder comme
des tyrans. On ne peut plus d'ailleurs y
contraindre que par l'autorité de la juſtice.

Les droits de ſervage, de main-morte dépouillent même de la liberté ; Ils détruiſent
l'eſprit de propriété ; Ils ôtent toute émulation ; Ils dégoûtent du travail, de la culture des terres. Celles des ſeigneurs ſont
mal cultivées. Il en reſte en friche. Elles
produiſent peu ; Elles s'afferment à vil prix

Des agriculteurs étrangers ne veulent pas
s'établir dans leurs seigneuries pour perdre
la liberté; Ils y contracteroient d'ailleurs
bientôt les mêmes vices par l'effet des mêmes causes.

Les serfs font étude & usage de toutes
sortes de moyens pour frustrer les seigneurs
des successions qui devroient leur échoir;
Ils expolient celles qu'ils ne peuvent leur
enlever. Il est nécessaire d'agir & procéder
en justice contre la fraude ainsi que contre
la mauvaise volonté dans bien des cas.
L'amour inné de la liberté, de ce don
le plus cher, le plus précieux de la nature
excite en eux une fermentation continuelle
contre leur asservissement; Il l'a fait souvent éclater & entreprendre de recouvrer
un droit dont on ne peut dépouiller les
hommes.

Ces droits odieux enfin causent dans le
dernier excès les dispositions des esprits
& des cœurs, la façon de penser & les
sentimens dont on vient de parler contre
les seigneurs.

Ces derniers ont de plus à suivre ceux

de leurs ſerfs qui vont s'établir ailleurs, qui
peuvent acquérir des biens, faire des fortunes, laiſſer eux ou leurs deſcendans des
ſucceſſions qui devroient leur échoir; Or
cela exige de rechercher & de prendre
de temps à autre des informations, de ſe
procurer & d'entretenir des coreſpon-
dances.

Les ſeigneurs en général n'ont le droit
d'impoſer des tailles ſur leurs ſujets, que
dans quatre cas; Or il en eſt deux qui par
les changemens des temps & des choſes
n'ont plus lieu. Il en eſt un qui n'arrive pas à
l'égard de tous: Il en eſt un autre qui ne
peut exiſter qu'envers un très-petit nombre.
L'événement de ces deux derniers eſt
même borné à une ſeule fois dans le cours
de la vie. Ce n'eſt même encore que très-
modérément qu'on peut alors impoſer des
tailles. Elles ne peuvent ſans contredit être
enviſagés que comme un caſuel de la plus
petite conſidération.

Les droits féodaux à l'égard de l'induſtrie & du commerce exigent des viſites,
des recherches dans les marchés, dans les

foires , dans les lieux de paſſage ; Ils en occaſionent même dans les maiſons des artiſans , des commerçans : Il eſt néceſſaire d'établir des gardes pour y procéder , ainſi que pour veiller de toute autre maniere à empêcher les fraudes. La perception ne s'en fait qu'avec des frais conſidérables qui en abſorbent preſque tout le produit.

Les ſeigneurs , les poſſeſſeurs des fiefs ont beau donner à ferme ces différens droits. Les fermiers prennent en conſidération ces déſavantages ; Ils en font l'appréciation ; Ils ne font des offres qu'en conſéquence ; Ils n'afferment qu'à vil prix.

CHAPITRE IV.

Moyens conformes à l'intérêt des proprié-
taires & des débiteurs des droits féo-
daux de les éteindre.

Il réfulte que le bien de l'Etat prefcrit,
que l'avantage de ces propriétaires invite,
que l'intérêt de ces débiteurs dicte d'éteindre
ces droits ; Mais ils font des propriétés des
feigneurs & même de l'Etat parraport à
fon domaine ; Ils font des charges dont
font affectées celles des fujets, des cen-
fitaires. D'où il réfulte qu'il eft jufte que
ceux — ci en acquierent de ceux-là l'affranchiffement.

Il n'eft pas difficile de trouver des moyens
qui y foient propres, qui foient de nature
à ce que les derniers puiffent donner aux
premiers un équivalent convenable. Il s'en
préfente deux, le rachat à prix d'argent &
l'échange contre des biens-fonds.

On doit donc les autorifer & les favorifer ; On doit donc donner aux uns & aux
autres toutes facultés, toutes facilités pour
en faire ufage.

Iᴌ eſt important de rechercher & de
preſcrire la forme la plus ſimple, la plus
expéditive, la moins diſpendieuſe de procécéler à ces rachats & à ces échanges. Il eſt
néceſſaire qu'ils puiſſent ſe faire avec le moins
de formalités & de frais poſſibles, qu'ils
ſoient exempts de tous droits quelconques,
ainſi que les acquiſitions & conſtitutions
de rente qu'on pourra faire avec les ſommes qui proviendront des premiers. Il
eſt eſſentiel qu'il ſoit fixé une maniere
de faire l'eſtimation la plus juſte de ces
droits ainſi que des fonds à donner en
échange, qu'il en ſoit fixé une de faire le
payement de ces ſommes conformément
aux intérêts des propriétaires & des débiteurs.

Lᴇs ſeigneurs pouront les placer en
acquiſition de biens - fonds ; Ils pouront
par le moyen des rachats auſſi bien que
par celui des échanges avoir à la place de
droits incorporels de la nature la plus déſavantageuſe, des biens-fonds d'une la plus
favorable ; Ils pouront avoir des biens dont
la conſervation ſera la plus facile, l'admi

niſtration la plus ſimple, le produit certain,
fixe & aiſé à percevoir.

CEUX qui poſſedent des biens - fonds
ayant beſoin de réparations, étant ſuſcep-
tibles d'améliorations; auront auſſi l'emploi
le plus avantageux à faire de ces ſommes.
Il en ſera de même de ceux ayant des dettes
qui affectent d'ypotheques leurs biens -
fonds, qui en alterent la propriété.

L'ETAT ſera dans le cas d'en uſer de
même. Il n'y aura nul fondement d'objec-
ter à aucun égard une aliénation de ſon
domaine. Il eſt de la plus grande évidence
qu'il en réſultera au contraire une amé-
lioration. On a vu dans le chapitre III du
livre XIX combien il lui eſt avantageux de
dénaturer les droits de cette eſpece.

LA nature & l'objet des ſubſtitutions
demandent que le prix de l'affranchiſſement
des droits féodaux qui en ſont grévés,
ſoit placé en acquiſition de biens - fonds.
La conſervation, la ſûreté des biens des
pupiles, des mineurs exigent que le prix
de ceux qui leur appartiennent, le ſoit de
même: Il peut toutefois y avoir une excep-

tion lorſqu'ils ont des dettes onéreuſes qu'il peut être autant ou plus avantageux d'acquitter. Il doit ſuffire pour l'acquiſition des biens - fonds dans les cas dont on vient de parler & leur ſubrogation à ces droits, ainſi que pour l'affranchiſſement de ceux - ci, qu'il ſoit procédé à l'eſtimation des uns & des autres de la maniere qui doit être preſcrite comme on vient de le dire. Tout ce qu'il pouroit être convenable de faire de plus, ſeroit de charger le miniſtére public de veiller à ces remplacemens.

La juſtice dicte que les corps, les communautés ayent des moyens de placer le prix de l'affranchiſſement des droits féodaux dont ils ſont propriétaires; Mais la politique s'oppoſe à ce qu'on leur permette de le faire en acquiſition de bien - fonds.

La faveur de l'affranchiſſement de ces droits & de la libération des débiteurs exige cependant qu'ils puiſſent recevoir des biens - fonds en échange, lorſqu'il ne ſera pas poſſible de faire autrement : Ce n'eſt d'ailleurs que leur céder une tréspetite partie des fonds ſur leſquels ils ont des hypotheques qui leur en font partager la propriété, pour recouvrer entiérement celle - ci.

L'Etat, les seigneurs doivent être indemnisés au sujet du rachat de ces droits qui dépendent d'arrieres - fiefs mouvans d'eux. Cette indemnité doit être proportionnée à la perte qu'ils pouroient en souffrir. Il est facile de l'estimer. Il est facile de la régler. Il n'y a qu'à la fixer à une partie du prix de ce rachat. Ils pouront employer les sommes qui leur aviendront à ce sujet, des différentes manieres qu'on a exposées ci - devant.

Le rachat de ces droits & cette indemnité sont capables de produire à la France des sommes considérables qu'il lui sera infiniment avantageux d'employer à l'extinction de ses énormes dettes, à l'opération de son importante libération.

Il s'en faut bien que dans l'état actuel des choses le droit de mouvance soit de la même utilité, ait les mêmes avantages que dans le temps de l'anarchie féodale. Il est à présent plus honorifique qu'utile.

LE feu roi de Sardaigne Charles-Emanuel, célebre par d'excellentes loix qui l'ont fait aimer & vénérer de ses sujets, en a donné une pour l'affranchissement des droits féodaux. Les grands principes, les sages motifs qui l'y ont déterminé, sont développés dans le préambule & le cours de cet édit du 19 décembre 1771. En voici le début ; « Les recours qui nous ont été
» présentés par plusieurs communautés
» de notre duché de Savoye pour être
» autorisés à procurer l'affranchissement
» des fonds qui sont sujets à des taillabilités,
» lods, cens & autres redevances procé-
» dans des fiefs & des emphytéoses, nous
» ont déterminés, après les plus exactes
» recherches & les plus mures consilé
» rations sur l'origine, la nature & les
» effets de ces devoirs, à donner par une
» loi générale les plus grandes facilitéspour
» les supprimer, sans en exclure ceux
» qui appartiennent à notre domaine im-
» médiat. Ayant réfléchi que tels droits
» sont onéreux non - seulement aux dé-
» biteurs, mais souvent encore aux pro-

» priétaires soit par les contestations in-
» séparables des exactions particulieres,
» soit par les difficultés & les frais des
» rénovations qui sont d'ailleurs une source
» continuelle de procès, d'erreurs &
» d'abus, nous avons en conséquence
» prescrit des regles pour assurer l'indem-
» nité de notre domaine, des seigneurs
» directs.

« Nous jugeons en même-temps con-
» venable, dit-il à la fin du préambule,
» . . . .
» de modérer le taux des intérêts de l'ar-
» gent pour le soulagement de nos sujets
» & le bien du commerce & de l'agri-
» culture qui sont les principaux objets
» du present édit. »

Ce prince en avoit déja donné un le
20 janvier 1761 pour l'affranchissement des
personnes de la taillabilité personnelle.

» Nous voulons, dit-il encore dans
» le treizieme article, par un effet de nos
» graces & en vue de l'utilité publique
» qui résulte de la liberté des fonds,
» nous départir pour les affranchissemens

» qui feront par nous approuvés, des
» droits de lods, *tot quot & quos*, qui
» pouroient être dus à nos finances à
» cette occafion. » Cet article concerne
l'affranchiffement des droits dépendans
de fiefs mouvans du domaine. Ce prince
en regle l'indemnité dans l'article 20 à la
quatorzieme partie du prix du rachat.

» Cette finance, continue-t-il dans l'ar-
» ticle fuivant, que nous avons fait ref-
» treindre au point de la pure & équitable
» indemnité de notre domaine, devra être
» liquidée & payée dans la caiffe de ré-
» demption établie par notre édit du 8
» fevrier 1751. . . . .

» Après toutes ces difpofitions pour
» libérer, ftatue-t-il dans le dernier article,
» les biens-fonds des charges auxquelles
» ils fe trouvent affujettis, & dans les
» vues de foulager la condition des débi-
» teurs & de favorifer l'agriculture, nous
» défendons d'impofer à l'avenir aucune
» des dites charges par emphytéofe ou
» autre femblable titre. . . . .
L'échange des droits féodaux contre

des

des biens - fonds est un moyen presque
généralement praticable, très - avantageux
aux propriétaires & aux débiteurs pour
affranchir ceux qui sont généraux & les
plus onéreux, tels que la main - morte,
les bannalités, les corvées, les champarts,
agriers, terrages, les redevances, rentes-
foncieres, cens qui sont établis sur tout
un territoire.

Les villes, bourgs, villages possedent
presque tous des biens - fonds communs;
Or ceux qui sont sujets à quelques uns
de ces droits, ne peuvent en faire un usage
qui leur soit plus favorable, qui puisse être
plus utile, que de les donner en échange
pour s'en affranchir.

Ces biens sont en proie à l'usurpation;
Ils sont négligés; Ils produisent peu; Ils
sont affermés par faveur; Ils sont laissés
à vil prix. Ce sont souvent les plus riches
habitans des lieux qui en sont fermiers,
qui ont formé la spéculation d'éluder
encore par le crédit qu'ils y ont, par les ma-
nœuvres qu'ils y pratiquent, le payement
de ce prix. Ce sont presque toujours des

gens mal - intentionnés, artificieux pour l'éviter ou le différer.

Ceux qui ont l'administration de ces biens, ne font point excités par le grand reffort qui fait mouvoir les hommes, par l'intérêt; Ils ne font même que trop fouvent animés de la plus mauvaife volonté; Ils en diffipent ordinairement les revenus en dépenfes inutiles, fuperflues; Ils les mangent affez communément en voyages, en chicanes, en procès; Ils en font quelquefois la déprédation, leur profit particulier.

La plus grande partie des débiteurs des droits féodaux peuvent donc s'en rédimer par l'échange des biens qui ne leur font d'aucune ou que d'une très - petite utilité, & les propriétaires peuvent les affranchir par l'acquifition de biens qui leur feront de la plus grande.

CHAPITRE V.

Idée succincte des heureux effets de l'extinction des droits féodaux

LE grand nombre & le haut prix des heureux effets que produira l'extinction des droits féodaux de la nature la plus vicieuse, la plus défavorable, font de la dernière évidence. Il seroit superflu d'en faire un tableau détaillé.

LES seigneurs auront à la place de pareils droits des biens-fonds d'une nature la plus heureuse, la plus avantageuse, ou bien ils répareront, amélioreront ceux qu'ils possedent, ou bien les allibéreront, les conserveront.

LES agriculteurs, les artisans, les commerçans seront délivrés des exactions, des vexations, des contributions, des servitudes dont l'anarchie féodale les a accablé.

L'AGRICULTURE sortira de l'oppression. L'industrie sera débarrassée d'un grand nombre de gênes. Le commerce sera af-

franchi de quantité d'entraves. Les uns &
les autres infpireront du goût pour s'y
adonner; Ils exciteront à les excercer;
Ils feront des progrès; Ils deviendront
floriffans.

L'heureux empire de la liberté fera
rétabli. Elle fera rendue à une multitude
de citoyens que ces droits en dépouillent;
Elle le fera à la plus grande partie des
fonds que ces droits en privent.

De grands obftacles à l'établiffement &
à la levée des impofitions, des impôts
néceffaires pour procurer le bien général,
feront détruits. Ils ne feront plus contrariés
par le mal-être dans le quel ces droits
réduifent le peuple; Ils ne le feront plus
par les charges dont ces droits affectent
les fonds.

Fin du vingt - troifieme Livre.

LIVRE VINGT-QUATRIEME.

De la Dixme.

CHAPITRE PREMIER.

De l'établissement de la dixme dans les états chrétiens.

Dieu donna le gouvernement républicain aux Israëlites son peuple chéri ; Il le divisa en douze tribus, & en choisit une pour la conserver à son culte.

Il ordonna un partage des terres entr'elles à l'exception de celle-ci ; (*a*) Il l'en exclu pour ne la point détourner de sa destination sacrée & ne la point prostituer à des soins profanes.

Mais ce Divin Législateur pourvut à sa subsistance d'une maniere convenable à son auguste ministere ; Il lui accorda une portion des productions des terres.

____

(*a*) *In terrâ eorum nihil possidebitis nec habebitis partem inter eos.* Nomb. chap. 18 , ℣.21 , & encore chap. 23 , ℣. 54 , chap. 24 , ℣. 13, 14. Josué chap. 13 , ℣. 14 & 33.

Il la chargea des dépenses de l'exercice de ce culte au quel il l'avoit préposée ; (*a*) Il lui en donna les moyens d'une maniere semblable.

Sa Sagesse suprême lui assigna pour ces deux objets la dixieme partie de ces productions ; (*b*) Elle lui concéda pour son habitation des villes avec du terrein autour pour nourir son bétail, dans les parts des autres tribus. (*c*).

La dixme a été ainsi à l'égard de la tribu de Lévi un dédomagement de son exclusion dans le partage des terres, (*d*) & une rétribution pour les dépenses de l'exercice du culte Divin ; Elle a été ainsi à l'égard des autres tribus une compensation de leurs avantages dans ce partage & une contribution pour le soutien de cette charge publique.

(*a*) Comme on le voit dans les Nombres & le Deuteronome.

(*b*) Nomb. chap. 18, ℣. 21, 23, 24.

(*c*) Nomb. chap. 35, ℣. 2, 3, 4, 5. *Nec acceperunt Levitæ aliam in terrá partem nisi urbes ad habitandum & suburbana earum adelunda jumenta & pecora sua.* Josué chap. 14, ℣. 4.

(*d*) *Nihil aliud possidebunt decimarum oblatione contenti quas in usus earum et necessaria separavi.* Nomb. Chap. 18, ℣. 23, 24.

Dans les commencemens de l'établissement de la religion chrétienne les offrandes, les oblations des fideles subvinrent
à la subsistance de ses ministres & aux
frais du culte Divin; (*a*) Mais lorsqu'elle
eut fait de certains progrés, elles ne purent
y suffire.

Le clergé représenta que la nouvelle
loi n'ayant point établi de moyen d'y pourvoir, il falloit avoir recours à l'ancienne;
Il prétendit qu'on devoit faire usage de
celui qui y avoit été institué; Il soutint
qu'à son imitation on devoit lui donner
la dixieme partie des productions des terres;
Il s'autorisa de ce que cette loi étoit la
figure de la nouvelle; Il la fonda sur ce que
la piété des chrétiens ne devoit point céder
à celles des juifs; Il s'appuya sur ce qu'elle
devoit au contraire l'emporter sur elle.

Les sermons du clergé persuadent les
esprits les plus dociles, privés de la con-

____

(*a*) Les fastes de l'histoire ecclésiastique en font foi. On
voit dans saint Cyprien que cela étoit encore ainsi au troisieme siecle.

D 4

noiffance de l'inftitution de la republique juive ; Ils émurent les ames les plus pieufes, animées du zele du maintien de la religion chrétienne.

Des fideles s'emprefferent de donner la dixme. Le clergé les propofa pour modeles ; Il loua leur piété ; Il préconifa leur docilité ; Il exhalta leur zele. D'autres fe piquerent de les imiter. Le clergé exhorta à fuivre leur exemple ; Il combla des mêmes éloges leur pieufe émulation ; Il fit tous fes efforts pour l'infpirer généralement. Un grand nombre fe détermina de faire comme eux. L'ufage s'introduifit, s'étendit, s'établit de donner la dixme. Tout l'attefte ainfi dans les premiers fiecles de l'établiffement de la religion.

Le fecond concile de Macon tenu en 585 le premier qui en parle, ftatue que l'ancien ufage foit rétabli par les fideles & que tout le monde donne la dixme aux eccléfiaftiques fervans au culte Divin. (*a*)

____

(*a*) *Unde ftatuimus ac decernimus ut mos antiquas à fidelibus repatatur & decimas ecclefiafticis famulantibus ce-*

Un capitulaire fous Louis le débonnaire preferit que chacun offre la dixme à l'église ainfi qu'on fait que c'eft l'ufage & une fainte coutume. (*a*)

Il n'en eft dit mot en effet dans faint Paul au fujet de la fubfiftance due aux miniftres de la religion. Il n'en eft dit mot dans les canons attribués aux apôtres, dont le premier fpécifie ce qui doit être offert à l'autel, & dont le cinquieme parle des prémices. Il n'en n'eft dit mot dans les actes de ces auguftes fondateurs de la religion.

Il eft bien queftion dans le premier concile de Nicée tenu en 315 des offrandes des fideles & des biens des églifes, mais non de la dixme.

Le concile d'Antioche de l'an 341 qui contient des réglemens au fujet des pof-

---

remoniis populus omnis inferat. Canone 50 *, ex tomo* 12 *, conciliorum antiquorum Galliæ, operâ Jacobi firmundi.*

(*a*) *Ut unus quifque fuam decimam ad ecclefiam offerat, ficut mos vel facra confuetudo effe nofcitur.*
Capitul. edit. de Baluze art. 9 , page 620.

ſeſſions de l'égliſe n'en fait point men-
tion.

SAINT Hilaire évêque de Poitiers diſoit
vers la fin du même ſiecle que Dieu
avoit ôté le joug de la dixme dans la loi
de grace. (*a*)

SAINT Auguſtin dans le ſiecle ſuivant
exhortoit les fideles à donner la dixme ;
(*b*) On voit même qu'il les exhortoit à ce
don & à celui de l'aumone enſemble,
en vertu d'un même devoir ; On voit qu'il
faiſoit uſage de tous les motifs les plus
propres à les exciter d'offrir à Dieu la dixieme portion du produit de leurs biens &
de donner aux pauvres une partie des neuf
autres ; Mais il ne prêchoit pas que la dixme
étoit de précepte dans la nouvelle loi. (*c*)

LES conciles des cinq premiers ſiecles
gardent le plus profond ſilence à ſon égard.

DEPUIS que la religion chrétienne a été

(*a*) *In lege gratiæ jugum decimarum Deus abſtulit. In
Math.* 22.

(*b In narrtione in pſal.* 146 , n°. 16 & 17.

(*c*) *De tempore ſermo* 219 *, de reddendis decimis.*

adoptée dans l'empire romain, les loix n'en ont point parlé quoiqu'elles l'ayent fait des oblations.

ELLE n'a jamais été & n'est encore dans l'église grecque, dans l'église orientale qu'une aumône volontaire : Saint Jean Chrisostome disoit, *ubi décima est, ibi étiam élémosyna.*

UNE constitution de Pepin roi de France de l'année 764 pour faire des prieres & rendre des actions de graces en reconnoissance d'une grande fertilité de la terre, fait bien voir qu'on n'y étoit pas obligé; Elle ordonne (*a*) qu'à ce sujet on fasse des aumônes & que les évêques fassent donner la dixme à chacun soit qu'il le veuille ou qu'il ne le veuille pas. (*b*)

LA constitution de Clotaire bien plus ancienne qu'on a citée comme prouvant le

---

(*a*) Des critiques ont cru mal à propos que ce sermon supposoit que la dixme étoit déjà due alors, & qu'il avoit été en conséquence faussement attribué à ce pere de l'église.

(*b*) *Constitutio generalis de letaniis faciendis proubertate terre data anno 764.*

contraire, bien - loin de contenir rien qui puisse seulement le faire présumer, exempte l'église d'une espece de dixme. (*a*) dont un capitulaire de Charlemagne donne une parfaite connoissance. (*b*) C'étoit un droit seigneurial domanial.

Le clergé en prêchant la dixme à l'exemple de l'ancienne loi eut attention de ne dire que ce qui lui étoit avantageux ; Il eut soin de taire ce qui lui étoit défavorable ; Il n'eut garde de laisser entrevoir que suivant l'institution que Dieu en avoit faite, que conformément à cette loi il devoit être exclu de toute autre possession sauf pour son habitation.

La piété engagea aussi les fideles à donner des biens aux églises ; Elle excita

---

Sic nobis videtur ut absque jejunio indicato unus quisque episcopus in suâ parochiâ letanias faciat non cum jejunio, nisi tantum in laude Dei qui talem nobis abundantiam dedit ; Et faciat unus quisque homo sua eleemosyna & pauperes pascat. Et sic prævidere facietis et ordinare de verbo nostro ut unusquisque homo, aut vellet aut nollet, suam decimam donet. Valete in Christo. Capitul. page 186.

(*a*) De l'an 615 , capitul. art. 11 , page 9.

(*b*) De l'an 800 , page 336.

en leur faveur la liberalité des souverains,
des princes, des grands, de la nobleſſe,
du peuple. Les riches, les pauvres, les
vivans, les mourans leur en firent des
dons; Ils les en comblerent.

La quantité prodigieuſe qu'on vit bientôt
le clergé en poſſéder, frappa. La charge
accablante qu'on éprouva dans peu de
donner la dixme, rebuta. Ces biens étoient
infiniment ſurabondans à la ſubſiſtance des
miniſtres de la religion & aux dépenſes
du culte Divin. Les motifs par leſquels
on avoit porté au don de cette portion
conſidérable des productions des terres,
ne ſubſiſterent plus. Rien n'en inſpira
plus le zele. Tout en occaſiona au contraire le découragement. L'uſage s'en
affoiblit inſenſiblement; Il s'éteignit enfin.

La plus grande partie des biens ne
tarda pas à ſe trouver dans les mains du
clergé. Les laïques s'en apperçurent à la
fin. Leur étonnement fut on ne peu pas
plus grand. Le dépit les ſaiſit: La jalouſie
s'y joignit. La paſſion la plus violente
de recouvrer ce qu'ils avoient prodigué,

les dévora: Ils furent enflammés d'autant
de cupidité pour reprendre, ce qu'ils
avoient été animés du zele pour donner;
Ils furent en trouver des moyens; Ils
dépofféderent les éccléfiaftiques de tout
ce qu'ils purent.

CHARLEMAGNE trouva les églifes prefque entiérement dépouillées. Le foutien
de la religion exigeoit qu'on pourvût de
nouveau à la fubfiftance de fes miniftres
& aux dépenfes du culte Divin. Rien ne
pouvoit être plus capable d'intéreffer la
piété, d'exciter le zele de ce prince religieux. Il ne manqua pas de regarder
comme un devoir, comme une obligation
d'y remédier; Il s'empreffa d'en rechercher
les moyens. Dans l'étude qu'il en fit, la
dixme qu'il avoit été en ufage de donner,
fe préfenta à lui comme le plus naturel,
le plus convenable. Nul autre ne pouvoit
le paroître en effet d'avantage. Il s'y fixa;
Il l'adopta; Il réfolut d'établir ce tribut
religieux.

CET empereur, fouverain de prefque
toute l'Europe, fit ftatuer dans un capi-

tulaire que chacun donnât la dixme &
qu'elle fût distribuée par l'ordre de
l'évêque. (*a*) Mais ce fut vainement.
On étoit entiérement rebuté de ce don :
L'expérience avoit appris combien il
étoit onéreux.

CHARLES - MARTEL avoit au contraire
trouvé la plus grande partie des biens
dans les mains du clergé; Il s'en étoit
emparé pour lui & ses capitaines, Il en
avoit formé des fiefs.

IL avoit pris & donné les églises mêmes.
(*b*) Pepin son fils leur avoit fait rendre
tout cequ'il avoit pu; Il avoit fait faire
en leur faveur pour le reste des lettres
précaires & avoit ordonné à ceux qui les
tenoient de leur en payer la dixme &
douze deniers par chaque maison ou qui
en faisoit partie, de réparer les églises &
les maisons des évêchés, des monasteres,

____

(*a*) *Ut unusquisque suam decimam donet atque per jussio-
nem pontificis dispensetur.* Capitul. de l'an 779. art 7, page
196.

(*b*) *Chronicus centulensis*, lib. 2, les Annales de Metz.

dont ces biens dépendoient, sous peine de les perdre. (*a*)

Les temps, les circonstances ne permirent pas à Charlemagne de le faire restituer, ce qui étoit de soi même fort difficile. Il se contenta de renouveler les réglemens de *Pepin*; (*b*) Mais il imagina d'en tirer avantage pour suppléer à ce que son pere ni lui n'avoient pu faire.

CETTE obligation des seigneurs, des vassaux à la dixme lui parut une voie propre à faire parvenir à l'établissement d'une générale. Il la regarda avec raison comme devant y préparer, y disposer; Il fit faire un capitulaire pour ordonner d'abord aux laïques qui tenoient des biens ecclésiastiques & ensuite à tous généralement de payer la dixme. On l'appuya de motifs qui devoient avoir dans ces temps de barbarie & d'ignorance le plus de pouvoir sur les esprits; On exposa qu'on

____

(*a*) Capitul. de l'an 743, art. 1; pag. 825, de l'an 756, art, 4, pag. 178

(*b*) Capitul. de l'an 794, art. 24, pag. 267 & autres.

avoit

avoit éprouvé en l'année où il étoit ar-
rivé une grande famine, que les épis de
blé bouilloient étant vuides, ayant été
dévorés par les démons, & qu'on avoit
entendu des voix faisant des reproches. (a)

Le succès ne répondit point aux vues
de cet empereur. On s'étoit dégoûté de
la piété de donner la dixme ; On n'avoit
plus voulu la continuer ; On avoit re-
connu combien la libéralité en étoit
excessive ; On s'effraya de l'obligation de
la payer ; On voulut bien moins s'y sou-
mettre ; On étoit convaincu combien la
charge en seroit accablante.

Ce pieux prince imagina & employa
un autre moyen qu'il crut devoir être plus
efficace : Ce fut de donner lui - même
l'exemple. Il assujettit ses propres fonds à

____

(a) *Ut omnis homo ex suâ proprietate legitimam decimam in ecclesiam conferat. Experimento enim didicimus
anno illo quo illa valida fames irrupit , ebullire vacuas
annonas à dæmonibus devoratas , et voces exprobrationis
auditas.* Capitul. de l'an 764, art. 23, pag. 267.

Tome III.   E

la dixme ; (*a*) Mais cet exemple du souverain fut auſſi impuiſſant que celui des grands.

Louis le débonnaire ſon fils fut naturel-lement diſpoſé & eut recours à la voie de la douceur & de la perſuaſion ; Il fit faire un capitulaire pour que chacun of-fît, comme on l'a dit ci-devant, la dixme à l'égliſe, ainſi qu'on ſavoit que c'étoit l'uſage & une ſainte coutume. (*b*)

Ce fut auſſi ſans ſuccès que cet em-pereur tenta cette voie. Son génie, ſon caractere le porterent en conſéquence à celle de l'excommunication. Il fit une conſtitution pour qu'on lançat cette fou-dre de l'égliſe contre ceux qui après pluſieurs avertiſſemens & remontrances négligeroient de donner la dixme. Ce qui prouve bien l'obſtination du peuple & ce qui caractériſe bien l'eſprit de ce prince, il ne voulut point qu'on les y aſtreignit

---

(*a*) Capitul. de l'an 800, art. 6, pag. 112.
(*b*) Capitul. de l'an 819, qui a été rapporté ci-devant.

par un serment à cause du danger de les rendre parjures. (*a*)

Ce moyen violent, si capable d'effrayer les esprits, n'eut pas de plus heureux effets. Le peuple ne voulut payer la dixme que sous la condition de pouvoir s'en rédimer de quelque maniere.

Il fut ordonné aux évêques d'empêcher que cela n'eût lieu ; (*b*) Mais la répugnance, l'opiniâtreté furent poussées au dernier point. Il y en avoit qui aimoient mieux ne pas cultiver de terres que de payer la dixme. Ce prince décerna des peines contr'eux. (*c*)

Les évêques eurent beau faire tous leurs efforts ; Ils ne purent venir à bout de faire payer absolument & sans con-

----

(*a*) *Qui verò decimas post creberrimas admonitiones et prædicationes sacerdotum dare neglexerint, excommunicentur Juramento verò eos constringe nolumus propter periculum perjurii* Capitul. de l'an 824, art. 19, pag. 749.

(*b*) *De decimis quas dare populus non vult nisi quolibet modo ab eo redimantur, ab episcopis prohibendum aut nefiat.* Capitul. de l'an 829, art. 7, pag. 661.

(*c*) Capitul. de l'an 829, art. 10, pag. 666.

dition la dixme au peuple. Il n'y voulut consentir que sous celle de la racheter; Mais l'empereur Lothaire son fils s'y opposa, le proscrivit, défendit qu'il en fut jamais question. (*a*)

Il est une multitude de preuves dans les dispositions ajoutées à la loi des Lombards de l'extrême difficulté qu'on a eue à établir la dixme. Il en est une infinité dans les canons des conciles.

(*a*) Dans la loi des Lombards, liv. 3, tit. 3, §8.

CHAPITRE II.

Suite du Chapitre précédent.

ON n'avoit pas fait attention que la dixme chez les Juifs n'étoit pas simplement une institution religieuse, mais qu'elle en étoit aussi une politique ; On n'avoit pas fait attention qu'elle avoit été établie dans une république où le peuple avoit été divisé en tribus, où il avoit été fait un partage des terres entr'elles à l'exclusion d'une qui avoit été consacrée au culte Divin ; On n'avoit pas aperçu qu'elle avoit produit à l'égard de celui-ci qui ne devoit avoir aucune autre possession, un dédomagement juste & nécessaire ; On n'avoit pas aperçu qu'elle avoit formé à l'égard des autres qui devoient jouir d'un grand avantage, une compensation équitable & proportionnée ; On n'avoit pas vu qu'elle n'avoit pas été continuée dans la nouvelle loi purement spirituelle, faite pour toutes les nations & tous les peuples du monde, qu'elle ne convenoit à l'objet de son éta-blissement, ni à la constitution des diffé-rens états ; On n'avoit pas vu que contre sa nature & son institution l'on établissoit une contribution religieuse très-acablante, en outre non-seulement des contributions politiques nécessairement considérables, mais encore de féodales fort onéreuses.

On n'en fit du tout point aussi con-formément à l'un & à l'autre établis-sement.

Il y eut même de la différence dans sa destination. Une part en fut attribuée & affectée aux pauvres, comme on le voit par différens capitulaires. On avoit considéré, sans doute, qu'indépendamment de la dixme le clergé possédoit des biens ; On avoit observé avec justesse qu'elle surabondoit à sa subsistance & aux dé-penses du culte Divin.

Les évêques réglerent la maniere de la recevoir & de la partager dans cha-que lieu ; Ils ordonnerent que les prê-tres eux-mêmes la reçussent & tinssent

par écrit les noms de ceux qui la donneroient, qu'ils la partageassent en présence de témoins, qu'ils choisissent la
premiere part pour l'ornement de l'église,
qu'ils employassent charitablement, avec
toute humilité la seconde à l'usage des
pauvres & des pélerins, qu'ils se réser-
vassent la troisieme. (*a*)

BOLESLAS, duc de Pologne, prince de la
plus grande libéralité envers l'église voulut établir par la suite la dixme dans ses
états. Les grands, le peuple en trouve-
rent le payement si onéreux qu'il faillit
de les dégoûter de la religion. (*b*)

SAINT - CANUT roi de Dannemarck
n'ayant pu parvenir à la faire payer, crut

(*a*) *Ut et ipsi sacerdotes populi suscipiant decimas & no-
mina eorum quicumque dederint scripta habeant, & secundùm
autoritatem canonicam earum testibus dividant, et ad orna-
mentum ecclesiæ primam eligant partem, secundam autem ad
usum pauperum vel peregrinorum per eorum manus miseri-
corditer cum omni humilitate dispensent, tertiam verò partem
sanctissex solis sacerdotes reservent. Capitul. episcoporum*
anni 801, art. 7, pag. 156. Cela seroit encore dans d'autres
Capitulaires, entr'autres dans celui de l'an 827, art. 143 pag. 773.
(*b*) L'an 1016, Hist. Eccl. Pavell. Fleury liv. 58, n°. 246.

E 4

pouvoir y réuffir en la fubftituant à une groffe amende pour peine de la défertion de l'armée qu'il avoit voulu mener en Angleterre dont il étoit auffi roi. Mais une amende quelque confidérable qu'elle fut, parut préférable à une contribution perpétuelle & accablante. Il imagina faire penfer autrement en la faifant exiger avec la plus grande rigueur. Cela occafiona au contraire une révolte. Des mains parricides attenterent à fa perfonne facrée. Il fut victime de fon zele. (*a*)

Gérold évêque d'Oldembourg dans la Saxe ayant transféré fon fiege à Lubeck voulut établir la dixme dans la Holface dépendante de cette partie de l'Allemagne refufa de s'y foumettre comme étant une fervitude très-onéreufe & une contribution fervant au luxe des eccléfiaftiques. Il recourut au duc de Saxe Henri le lion qui ordonna de la payer; Mais les Holfaciens s'opiniâtrerent à refufer un payement que leurs peres n'a-

<hr>

(*a*) L'an 1031, ibidem liv. 63, n°. 17.

voient pas fait, & déclarerent qu'ils aimeroient mieux brûler leurs maisons & quitter leur pays. (*a*)

Il avoit toutefois été fait un capitulaire sous Charlemagne à l'égard des différentes parties de la Saxe pour qu'on y donnât la dixme. (*b*) Ce qui prouve encore l'opiniâtreté qu'on eut à ne le pas faire & la difficulté qu'il y eut à établir cette contribution religieuse.

On a donné au clergé des biens immenses depuis qu'on y est parvenu ; On lui en a fait les plus grandes libéralités. Les opinions répandues & crues, dit M. de Montesquieu, comme on l'a déja rapporté, auroient privé les laïques de

---

(*a*) L'an 1163 : *ibidem* liv. 71 n°. 2.

(*b*) *Similiter secundùm Dei mandatum præcipimus ut omnes decimam partem substantiæ et laboris sui ecclesiis et sacerdotibus donent tàm nobiles quàm ingenui, similiter et tuâ, juxtà quod Deus unicuique dederit christiano partem Deo reddant*, Capitul. de partibus Saxonicæ anni 789, art. 17. pag. 251.

Le capitulaire cité ci-dessus, est de l'an 789, art. 17. pag. 251.

tous leurs biens s'ils avoient été assez
honnêtes gens. On lui a toujours donné;
On lui donne encore. Il possède une
quantité étonnante de biens excessivement
surabondans pour la subsistance des ministres nécessaires pour le culte Divin;
Il possède plus du tiers de ceux de la
France; Il possède plus de la moitié de
ceux de plusieurs autres états. Il y en
a même où il en possède encore d'a-
vantage.

CHAPITRE III.

Divertiſſemens de la dixme de l'objet de ſon établiſſement

Dans les ſiecles où l'ignorance tenoit les eſprits plongés dans d'épaiſſes ténebres, on imagina que c'étoit une éminente piété que de fonder, doter des monaſteres, des chapitres ; On penſa que c'étoit une grande gloire, que de faire de ces établiſſemens ou d'y concourir ; On imagina que c'étoit un ſûr moyen d'acquérir l'immortalité dans ce monde & dans l'autre.

Les évêques voulurent tenir un premier rang dans ce genre de piété ; Ils ſouhaiterent prendre une part diſtinguée à cette ſorte de gloire ; Ils déſirerent obtenir l'avantage ſuprême de cette intégrité d'immortalité. La dixme leur en offrit le moyen ; Elle leur en donna la facilité. Ils l'y employerent ; Ils en diſ-

poferent pour faire de ces fondations
de ces dotations.

Les laïques qui poffédoient des églifes
dont Charles - Martel s'étoit emparé, qui
faifoient partie des fiefs qu'il avoit for-
més pour fes capitaines, donnerent des
cures aux monafteres, aux chapitres. Les
évêques, les papes leur en firent éga-
lement des dons. Il en fut auffi racheté
par eux des premiers. Le petit nombre,
la grande ignorance, le défordre fcan-
daleux du clergé féculier obligerent de
plus pendant un temps d'employer le ré-
gulier au fervice des cures.

Ce fut un grand changement pour les
religieux que de fortir du cloître, que
de quitter la folitude, que de n'être
plus dans la dépendance, que de s'affranchir de la difciplice monaftique :
C'en fut un grand pour eux que de
rentrer dans le monde, que de jouir
de la fociété, que de recouvrer la liberté, que de vivre à leur volonté. Ce
fut un fort bien différent pour eux que
de pofféder des biens en leur particulier,

que d'en ufer à leur fantaifie, que de fa-
tisfaire leurs défirs, que de contenter
leurs goûts.

De fi grands, de fi attrayans avantages furent bien propres à leur faire ima-
giner des prétextes pour folliciter l'union
de cures à leurs monaftres, fur-tout de
celles qui en étoient voifines. Ils firent
ufage de tous ceux qu'ils purent rendre
fpécieux ; Ils eurent recours principalement à celui de pauvreté ; Ils vinrent à
bout d'obtenir l'union d'un grand nombre.

Les circonftances ayant changé dans
la fuite, les conciles leur ordonnerent
de fe retirer dans la folitude, de rentrer dans le cloître ; Ils furent obligés
de quitter les cures ; Mais ils voulurent
en qualité de curés primitifs toujours
pofféder la dixme ; Ils quitterent les
fonctions de pafteurs ; Mais ils en con-
ferverent le patrimoine ; Ils abandon-
nerent volontiers le fpirituel ; Mais ils
retinrent opiniâtrément le temporel.

Les religieux s'emparerent de cette

maniere artificieufe d'une très - grande
partie de la dixme ; Ils la réunirent à
celle fi confidérable qu'on leur en avoit
donnée.

La dixme étoit faite pour tenter d'un au-
trecôté la cupidité des laïques, jaloux d'ailleurs des richeffes immenfes du clergé. Il
n'eft point de biens d'une nature plus avantageufe. Elle n'exige ni foins, ni travaux,
ni frais de culture ; Elle confifte dans
une portion des productions des terres
qu'il n'y a qu'à percevoir. Il en paffa
d'abord une quantité prodigieufe dans
leurs mains par le moyen des églifes
que Charles - Martel prit & donna en
fiefs. Mais dans la fuite ils imaginerent
toutes fortes de moyens, ils faifirent
toutes les occafions de s'en emparer,
de l'ufurper.

Les évêques, les religieux leur en firent
auffi eux-mêmes des dons ; Ils furent
obligés pendant l'anarchie féodale d'avoir
recours aux feigneurs voifins & de mendier leur protection ; Ils furent obligés
de les folliciter, de les recevoir en leur

garde & de prendre leur défense ; Ils
furent obligés de leur donner à leur choix
& à leur gré une partie de leurs biens
pour conserver l'autre.

LA plupart de ces seigneurs ne man-
quèrent pas d'abuser bientôt de la protection qu'ils leur accorderent ; Ils la
firent dégénérer dans peu en oppression ;
Ils la firent servir adroitement à des exactions ; Ils exigerent de leur part nombre de sacrifices. Il est bien certain que
ce fut la dixme qui excita le plus leurs
désirs, qui fut le plus de leur goût.

L'EGLISE voyant qu'il en étoit passé
une très-grande partie dans les mains
des laïques, voulut l'en retirer ; Elle leur
ordonna de la rendre ; (a) Mais il n'y
en eut que quelques-uns qui obéirent,
& ils ne le firent presque qu'en fondant,
qu'en dotant encore des monasteres, des
chapitres ; Ils y furent portés comme
on l'a dit par la piété qui regnoit dans
ces temps-là, & par la gloire qu'il y

(a) Concil. Lateran, 2 Can. 10.

avoit à faire de ces établiſſemens ; Ils y
furent excités par l'importunité des demandes, des ſollicitations que les religieux leur faiſoient ; Ils y furent entraînés
par les promeſſes du pardon de leurs pé-
chés, d'une part dans le royaume des
Cieux dont ils les appuyoient.

N'ÉTANT pas poſſible autrement de
leur faire rendre la dixme, l'égliſe tolera
qu'ils la donnaſſent à des monaſteres, à
des chapitres ; Mais pour tâcher de la
faire rendre autant qu'il ſeroit praticable
aux égliſes paroiſſiales, elle leur défendit
de la recevoir ſans le conſentement des
évêques. (*a*)

CETTE reſtriction n'eut aucun ſuccès.
Les évêques n'apporterent point d'obſtacles à ces dons, au contraire : Ils trou-
verent le moyen d'en retirer un bénéfice ; Ils ſe firent payer des ſommes
pour accorder leur conſentement, ſous le

(*a*) Concil. rom. can. 15 , Concil. lateran. 3 , can. 3.
Decret. *Innocentii* 3 , cap. 7 , § *De his quæ fiunt à prælatis
ſine conſenſu capituli.*

prétexte

prétexte du rachat du droit qu'ils avoient
à la dixme ; Ils imaginerent enfuite une
couleur plus favorable en les exigeant
pour le dédomagement des églifes auxquelles elle devoit être rendue. On leur fit
à la fin la défenfe de rien percevoir pour
ces deux objets en donnant leur confen-
tement ; Mais ils l'éluderent par un changement de terme en faifant payer des
fommes au fujet des miniftres ou vicaires
qui y deffervoient, & par un changement
d'exaction en faifant conftituer des cens.

La conduite, l'avarice des évêques
firent ordonner qu'on recourroit au pape
pour confentir à ces donations de la
dixme ; (*a*) Mais les religieux vinrent
facilement à bout d'obtenir fon confen-
tement à celles qu'ils fe procurerent.

La condefcendance de l'églife dont
on vient de parler, légitima celles que
les laïques avoient faites à des monafteres, à des chapitres ; Elle les autorifa
à en faire d'autres ; Elle donna ainfi aux

(*a*) Concil. Melfitan. can. 5.

Tome III. E

laïques un moyen d'obéir en contentant leur vanité ; Elle fournit ainſi aux reli- gieux un motif de les y engager en ſa- tisfaiſant leur cupidité.

Une partie de la dixme, ainſi qu'on l'a vu, devoit être employée à l'orne- ment des égliſes : Comme ils en avoient pour leurs exercices pieux, ils préten- dirent y avoir droit ; Une partie devoit être diſtribuée aux pauvres : Comme ils faiſoient vœu de pauvreté, ils préten- dirent y avoir droit auſſi. Une partie devoit appartenir aux prêtres ; Comme ils recevoient l'ordre de la prêtriſe en- ſuite de l'uſage qui s'en étoit introduit, ils prétendirent y avoir droit encore.

Ils ne négligerent rien, ils mirent tout en œuvre pour faire valoir, pour faire adopter leur ſyſteme ; Ils en tirerent le plus grand avantage pour obtenir le conſentement des évêques, du pape aux donations qu'ils exciterent de toutes parts à leur faire.

Lorsque les commandes ont dégénéré en abus & que l'uſage s'en eſt étendu,

les portions prodigieuses de ce tribut
public & religieux qu'ils possédoient,
sont devenues en grande partie par un
autre abus le patrimoine de riches bénéficiers ne servant nullement du moins la
plupart au culte Divin, étant absolument
inutiles à la religion. Un abus en entraîne
toujours un autre.

Les souverains pontifs ont fait aussi des
dons de la dixme à des princes, à de grands
seigneurs ; Ils en ont faits pour engager
aux croisades, pour exciter à la conquête
de la terre sainte ; Ils en ont faits pour
dédomager des dépenses de ces guerres
lointaines & ruineuses, pour empêcher le
découragement devant en être la suite ;
Ils en ont faits pour inviter à d'autres
guerres, pour faire soutenir leurs intérêts
ou ceux de la religion.

Les papes ont encore accordé des
exemptions de la dixme ; Ils en ont accordé une aux religieux de la personnelle,
ainsi que de la prédiale pour les terres qu'ils
défrichoient & cultivoient ; Ils en ont accordé une générale à des ordres extrê-

mement riches, poſſédans des biens immenſes, à celui des Templiers, à celui
des Chevaliers de Saint Jean de Jéruſalem,
à celui de Cluny, à celui de Citaux, à celui
des Chartreux, à celui des Prémontrés.

CHAPITRE IV.

Nombreuses & onéreuses contributions par lesquelles il a fallu que le peuple suppléât aux differens divertissemens de la dixme.

La dixme ayant été en grande partie enlevée à la subsistance des écclesiastiques servans au culte Divin dans les églises destinées à assembler le peuple pour le rendre, & aux dépenses qu'il y exige, on ne dut pas laisser la religion périr.

La piété du peuple en fut émue ; Elle l'engagea à contribuer de nouveau pour subvenir à cette subsistance & à ces dépenses: Il le fit à l'égard de ce premier objet en donnant des biens - fonds à ces ministres; Il le fit en se soumettant à des prestations, des redevances envers eux; Il le fit en leur payant une espece d'honoraire, une rétribution pour leurs fonctions même au sujet de l'administration

des facremens dont la dignité n'en parut
pas bleffée, pour les meffes particulieres ,
pour les proceffions, prieres, faluts &
autres dévotions que la piété fuggéra ;
Il contribua avec la même libéralité à
l'égard du fecond objet; Il fonda, dota
des fabriques.

Mais il n'étoit guere poffible que le
peuple contribuât fuffifamment partout
pour cette fubfiftance & ces dépenfes.
Il fut abfolument néceffaire de trouver
un moyen d'y fupléer. Celui qui fe préfenta naturellement, que la juftice dicta,
qui fut le plus convenable , fut de recourir
fur les poffeffeurs de la dixme dont on
a parlé dans le chapitre précédent.

Il fut naturel, il fut jufte, il fut convenable de le faire fubvenir à la fubfiftance
des pafteurs dans la paroiffe defquels ils
la percevoient , de les obliger de leur en
remettre à cet effet une portion. On ar-
bitra , on fixa au-delà de ce qui formoit
le cafuel de ceux - ci, une fomme capable
d'y fuffire , & on les affujettit de la leur
payer en tout ou en partie lorfqu'ils n'a-

voient point ou suffisamment de biens -
fonds, de redevances pour la leur procurer. On auroit du aussi les charger de
l'habitation de ces ministres; Mais comme
il y avoit des presbyteres, on n'y songea
pas.

IL fut naturel, il fut juste, il fut convenable de les faire aussi subvenir aux
dépenses du culte Divin dans les lieux
ou ils percevoient la dixme; Mais ils
imaginerent indignement, & opposérent
indécemment les subtilités les plus pi-
toyables.

ILS prétendirent qu'ils ne pouvoient
être tenus que d'entretenir le chœur des
églises qui étoit le lieu servant au service
Divin; Ils parvinrent à en faire établir
l'usage contre droit & raison.

ILS prétendirent qu'ils ne pouvoient
être tenus que de fournir les choses qui
étoient absolument nécessaires pour ce
service; Ils parvinrent à en faire établir
aussi faire l'usage contre droit & raison.

ILS prétendirent qu'ils ne pouvoient
être tenus que de contribuer d'une petite

F 4

partie, du tiers au plus du produit de la dixme qui étoit un patrimoine leur appartenant en toute propriété ; Ils parvinrent à en faire établir encore l'usage contre droit & raison.

Ces possesseurs de la dixme vinrent ainsi à bout de s'assurer une jouissance certaine & paisible de presque toute la part qui en avoit été affectée à l'ornement des églises, de presque toute celle qui l'avoit été aux prêtres, & absolument de toute celle qui l'avoit été aux pauvres.

Il resta ainsi à la charge du peuple les réparations, les reconstructions des nefs des églises : Il resta à sa charge celles des sacristies, celles des clochers, celles des presbyteres : Il resta à sa charge l'entretien des cloches, leur confection : Il resta à sa charge la fourniture des ornemens, des vases, des meubles, du luminaire que la majesté du culte Divin exige au-delà du pur nécessaire.

Il devint donc nécessaire, il fallut donc que le peuple contribuât pour subvenir à ces différens objets. L'injustice la cu-

pidité de ces poſſeſſeurs de la dixme
le forcerent ainſi à un grand nombre de
contributions en outre de toutes celles
auxquelles la piété l'avoit engagé.

COMME il y a des égliſes preſque partout,
les unes & les autres ont été extrêmement
onéreuſes, & la dixme qui en eſt une
très - accablante, a toujours ſubſiſté.

LA religion n'en a jamais occaſionés
de pareilles ni chez les juifs, ni chez aucun
autre peuple ancien. La dixme a été chez
les premiers, comme on la fait voir,
un juſte équivalent de l'excluſion de la
tribu de Lévi du partage des terres, pour
pourvoir à ſa ſubſiſtance, & une légere
contribution de la part des autres tribus
pour ſubvenir aux dépenſes du culte Divin.

CHAPITRE V.

Nullité imprescriptible de concessions de la dixme & abolition indispensable des divertissémens de ce tribut.

C'EST Dieu qui a institué la dixme dans la république Juive pour pourvoir à la subsistance de la tribu que sa sublime législation destina à son culte, ainsi qu'aux dépenses de la maniere majestueuse dont il en prescrivit l'exercice. C'est le souverain qui l'a établie dans chaque état chrétien pour pourvoir de même à la subsistance des ministres que la nouvelle loi a consacrés à ce culte, ainsi qu'aux dépenses de la maniere auguste dont elle en a réglé les cérémonies.

LES papes, les évêques n'ont donc pu avoir aucun pouvoir pour en disposer ; Ils n'en ont donc point eu pour en faire des concessions ; Ils n'en ont donc point eu pour autoriser celles qui en ont été faites.

Ces concessions ont été des infractions de cette institution, de cet établissement, elles ont fait des propriétés civiles de ce tribut religieux; Elles ont fait des patrimoines particuliers de ce tribut public; Elles ont été très-préjudiciables à la Religion & à l'Etat; Elles en ont frustré la Religion; Elles l'ont enlevé aux dépenses du culte qui est dû à l'Etre-Suprême; Elles en ont dépouillé l'Etat; Elles l'ont distrait du soutien d'une charge qui est la premiere d'une société civile.

L'institution qui a été faite de la dixme par Dieu chez le peuple Hébreu, l'établissement qui en a été fait par le souverain chez les peuples chrétiens, le bien de la Religion, celui de l'Etat se sont toujours élevés & n'ont cessé de réclamer contre ces concessions.

Il est donc incontestable qu'elles sont nulles Il l'est donc que la nullité en est imprescreptible: Il l'est donc que rien ne peut la couvrir quelque long que soit le temps qui s'est écoulé.

La dixme n'a point été établie dans les états chrétiens ensuite d'une division du peuple en tribus , d'une confécration au culte Divin , d'un partage des terres entr'elles à l'exclufion de celle - ci ; Elle n'y a point été un jufte dédomagement de la privation de la derniere , & une jufte compenfation de l'avantage des autres ; Elle n'y a formé qu'une contribution pour la fubfiftance des miniftres de la religion & les dépenfes du culte Divin.

ELLE fe leve fur la totalité du produit des terres , comme on l'a obfervé plufieurs fois ; Or il y en a une partie qui eft un rembourfement des avances , un payement des ouvrages qui font néceffaires pour les faire valoir. Il n'y a que le furplus qui donne réellement, vraiment un produit ; mais il eft conftant que cette partie emporte au moins les deux tiers de la totalité du produit des terres. Il n'y a ainfi qu'un tiers au plus qui foit un vrai produit , qui foit un produit net. La dixme a été conféquemment dans les états chrétiens une contribution d'un tiers moins $\frac{1}{9}$ du produit net des terres ; Elle y a été conféquemment une contribution extrêmement onéreufe & accablante.

Il n'a donc pu être en aucune maniere permis de l'enlever à l'objet de son établissement : Il n'a donc pu l'être de faire des divertissemens : Il n'a donc pu l'être d'approuver ceux qui en ont été faits.

Ces divertissemens ont été des violations de sa consécration ; Ils ont été des vols sacriléges de cette contribution religieuse ; Ils ont été des déprédations criminelles de cette contribution publique ; Ils ont été très - funestes au peuple & à l'Etat ; Ils ont obligé le peuple à nombre d'autres contributions pour la subsistance des ministres servans , & les dépenses nécessaires au culte Divin dans les églises destinées à l'assemblée pour le rendre , contributions qui ont été ajoutées aux féodales qui sont très - onéreuses , aux politiques qui ne peuvent ne pas être considérables, aux locales que des besoins communs rendent indispensables ; Ils ont causé à l'Etat de nombreuses & de grandes difficultés encore à l'égard de la levée des impositions, des impôts pour procurer le bien général, sur - tout de ceux dont les circonftances extraordinaires font naître le befoin.

L'objet de l'établiffement de cette contribution accablante, fa deftination au foutien d'une charge publique, l'intérêt de l'Etat, celui du peuple fe font toujours oppofés & n'ont ceffé de crier contre ces divertiffemens.

Il eft donc inconteftable auffi qu'ils doivent être abolis: Il l'eft donc que l'obligation en eft indifpenfable: Il l'eft donc que rien ne peut en exempter quelles que foient les mains qui en font faifies.

Peut-il rien être de plus injufte, de plus criant que de voir des moines oififs, inutiles, des bénéficiers auffi en grande partie oififs, inutiles étant même les uns & les autres à charge à l'Etat par le célibat dont ils font profeffion, jouir de ce tribut religieux, trés-onéreux; Peut-il rien être de plus injufte, de plus criant que de les voir l'employer à leur utilité particuliere, à un ufage contraire à fa deftination pieufe, que de les voir la faire servir à leur bien-être, à leur mollesse, que de voir encore les derniers le prostituer à un vain luxe, à un faste scandaleux? Peut-il rien être de plus choquant, de plus révoltant que de voir de simples clercs, même des religieuses se décorer du titre de curés primitifs, & en jouir en cette qualité chimérique.

La cupidité humaine peut-elle oser se jouer jusqu'à ce point des choses les plus sacrées? Jusqu'à quand la Religion & l'Etat souffrirent-ils de tels attentats? Ne se réuniront-ils pas un jour pour les réprimer, pour les foudroyer? Le bien de l'un & de l'autre, le soulagement du peuple ne leur en fera-t-il pas enfin sentir l'obligation indispensable, la nécessité absolue?

Il est toutefois une exception: C'est à l'égard des dixmes inféodées. Il est certain, on convient qu'il y en a qui ne proviennent point de la dixme, qui n'en sont point des dons, des concessions, des usurpations. Il est constant qu'il y

en a qui font des droits féodaux , des
redevances , des cens auxquels on a communiqué le nom de cette contribution
à caufe de leur analogie avec elle ; Or
il eft évident & inconteftable qu'il ne
feroit pas poffible de percer dans la nuit
des temps , d'en diffiper les ténébres ,
qu'il ne feroit pas poffible d'y découvrir
l'origine des unes & des autres , d'y
faire la diftinction de celles qui font des
conceffions , des ufurpations de la dixme ,
& de celles qui font des cens , des droits
féodaux.

CHAPITRE

CHAPITRE VI.

Moyens de rendre la dixme à l'objet de son établissement, au défaut de pouvoir la supprimer.

Il paroît résulter de ce que la dixme a été en grande partie aliénée, *usurpée*, de ce qu'elle a été presque entiérement divertie de l'objet de son établissement, qu'on doit la supprimer. Mais quelles réclamations n'en occasioneroit pas, quelles difficultés n'en rencontreroit pas le projet ? Celui de la rendre à cet objet en est un plus praticable, plus facile, de nature à pouvoir être mis plus certainement à exécution. Les moyens en sont les plus simples, les plus aisés.

Les portions de ce tribut public qui appartiennent aux évêques, sont dans leurs mains conformément à cet objet, mais c'est à la charge de subvenir à la subsistance des ministres inférieurs de la religion dans les paroisses où ils les

Tome III. G

çé çoivent , & aux dépenſes qu'y exige
le culte Divin.

Il n'en eſt pas de même de celles qui
ſont poſſédées par les curés & vicaires.
Il n'eſt point exactement vrai qu'elles
ſoient dans leurs mains conformiément
à cet objet. Il eſt certain qu'il en réſulte
ainſi que de la nature de ce tribut qu'il
doit être diſtribué proportionellement au
nombre des miniſtres de la religion &
aux dépenſes du culte Divin, qui ſont
néceſſaires dans chaque lieu, dans chaque
paroiſſe ; Mais les portions qui en ſont
poſſédées par les curés & vicaires, produiſent beaucoup & ſurabondamment à
une partie , peu & inſufiſamment à une
autre.

Le poids accablant de cette contribution en a fait diminuer le taux aſſez
généralement. Des raiſons particulieres,
comme la nature, la qualité, la fertilité,
la ſtérilité du ſol l'ont fait faire diffé-
remment dans les divers lieux. La quotité de la dixme n'eſt pas ainſi la même
partout ; Elle varie au contraire beaucoup ;

Or le produit en est plus ou moins considérable dans chaque lieu suivant cette
quotité ; Il l'y est encore suivant l'étendue
du territoire, la différence du sol ; Mais
il arrive souvent que c'est en raison inverse
du nombre de ministres qui y est nécessaire.

On ne peut toutefois distribuer cette
contribution en raison de ce nombre
& en raison des dépenses qu'exige le culte
Divin dans chaque lieux, dans chaque
paroisse, qu'en dépouillant les possesseurs
actuels de la dixme autres que les évêques.
Il résulte donc qu'on doit absolument le
faire.

Il se présente d'abord un inconvénient,
c'est qu'il faut suppléer à leur défaut pour
la perception de cette contribution en
nature de fruits, mais il en est un moyen
simple & facile : Il n'y a qu'à l'affermer.
On le peut de la même maniere qu'on
a fait voir que le domaine doit être laissé
à ferme. C'en est une certaine aussi à
son égard d'empêcher que l'intrigue, le
crédit, la faveur n'ayent part aux adju-

dications, que ce tribut ne devienne la
proie de la cupidité, que la plus grande
partie de son produit ne soit absorbé par
des profits immodérés.

On ne doit point affermer la dixme non
plus que le domaine par un bail général
dans un état, comme dans le royaume,
pas même par un de cette espece dans
chaque province, dans chaque diocese.
Il n'y auroit qu'un très - petit nombre
de citoyens capables d'une entreprise si
considérable. On doit l'affermer en détail
dans chaque lieu, y recevoir les encheres,
y faire les adjudications. C'est le moyen
de procurer la plus grande concurrence
d'enchérisseurs. En effet il s'y trouvera
ainsi que dans le voisinage beaucoup de
particuliers à qui il conviendra d'y prendre à ferme ce tribut. Ils n'auront ni
voyages, ni déplacemens à faire pour les
encheres & pour sa perception; Ils pourront la faire par eux - mêmes, par leur
famille, par leurs domestiques, par des
ouvriers qu'ils auront de grandes facilités
de trouver, par leurs voitures ou celles

qu'ils auront les mêmes moyens de fe procurer; Ils pouront receuillir dans leurs maifons la portion des productions des terres qu'ils percevront,

IL y a lieu d'affurer la plus grande liberté des encheres en y faifant procéder publiquement en différentes fois, comme pendant trois dimanches confécutifs après l'avoir fait annoncer dans le lieu & les voifins par des affiches réitérées, & mifes par exemple dans trois de ces mêmes jours. On peut les faire mettre fans frais par les curés qu'on eft dans le cas d'obliger d'en juftifier.

EN ordonnant que les adjudications ne feront faites qu'après un certain temps depuis la derniere enchere, & plufieurs proclamations dans certains intervalles, comme après trois, de quart-d'heure en quart-d'heure, elles le feront fûrement au plus offrant & dernier enchériffeur.

ON fera certain d'obtenir le plus haut prix en accordant la faculté d'enchérir au gréfe de la juftice du lieu fur

le prix des adjudications d'une certaine
quotité, comme d'un fixieme pendant
la premiere femaine après qu'elles auront été faites, d'un quart pendant la
feconde, & d'un tiers pendant la troifieme.

Il paroit réfulter de la nature de ce
tribut religieux & civil que ce font les
curés & les juges des lieux qui doivent
recevoir enfemble les encheres & faire
les adjudications.

Les états proteftans qui fe font em-
parés de la dixme, qui en ont dépouillé
les propriétaires ou poffeffeurs, ont pris
le parti qui fe préfentoit naturellement
de l'affermer; Ils ont bien aperçu qu'on
ne devoit point le faire par un bail général, pas même pour chaque province;
Ils l'afferment en détail dans chaque
lieu. Elle fournit dans quelques - uns
d'eux de quoi fubvenir en grande partie
aux dépenfes publiques.

Il n'y aura befoin que d'un receveur
dans chaque diocefe ou au plus de deux
pour faire le recouvrement du prix des

baux. Il ne sera pas nécessaire d'en établir en France : Les receveurs des décimes y suffiront.

Les évêques ont été institués dispensateurs de la dixme lors de son établissement, comme on l'a vu. Ce sont donc eux qui doivent la faire affermer dans leur diocese, qui doivent y faire procéder avec les formalités requises, qui doivent y faire recouvrer le prix des baux, qui doivent y faire rendre compte aux receveurs qui en seront chargés, qui doivent y faire la distribution du produit de cette contribution.

Il doit en être accordé aux curés, aux vicaires perpétuels, aux vicaires desservans des églises succursales, une portion qui leur procure une honête subsistance. La dignité de leur caractere, celle de leurs fonctions demandent qu'ils vivent d'une maniere honorable & respectable. Il en doit être aussi accordé une portion pour la subsistance des vicaires dont le secours leur est nécessaire, & des écclésiastiques que la majesté du service Divin peut exiger dans certaines églises paroissiales, lorsqu'il n'y en est pas établi.

Rien n'est plus contraire à l'esprit, à l'honeur, au bien de la religion qu'une espece de salaire ou d'honoraire, qu'une rétribution au sujet des augustes fonctions du sacerdoce, sur-tout au sujet de celles ayant rapport à l'administration spirituelle des sacremens, sur-tout principalement au sujet de la célébration de son Divin sacrifice. Ils en réclament, ils en prescrivent la suppression. Il est contraire à la charité la premiere, la plus sublime des vertus, & même à l'humanité d'en payer pour les sépultures qui ont été chez tous les peuples un acte de piété & d'hospitalité.

Les rétributions, droits qui forment le casuel des curés, des vicaires, entretiennent des affaires d'intérêt entr'eux & leurs paroissiens; Ils font une cause continuelle de demandes de leur part, & de payemens de celle des derniers; Ils leurs inspirent de la cupidité envers leurs ouailles; Ils donnent à celles ci - de la prévention contr'eux, Ce sont de ces semences de division que répand toujours l'intérêt. Ce sont de ces germes de différens qu'il fait sans cesse éclore. Ils sont un obstacle à ce que les pasteurs ayent une affection pure pour leurs brebis ; Ils en sont un à ce qu'elles ayent une confiance parfaite en eux. Contraires à leur objet, ils les détournent de la conduite de leur troupeau , ils privent celui - ci de leurs soins. Aussi sont - il du nombre des abus dont les prétendus réformateurs ont cru pouvoir tirer le plus d'avantages.

Il convient de fixer à perpétuité , d'une maniere stable, à l'abri de toute vicissitude les portions du produit de la dixme qui doivent être accordées aux curés, aux vicaires ; Mais cela ne peut se faire en argent. Il n'est comme on l'a déja observé tant de fois, que le signe des vraies & réelles richesses. La quantité en augmente continuellement sur-tout depuis qu'il en arrive beaucoup chaque année de l'Amérique , & la valeur en diminue proportionellement. Il résulte donc qu'il est nécessaire de fixer en grains ces portions.

Mais devant être payées avec le prix pécuniaire des baux de la dixme, il réfulte aufli qu'il eft néceflaire de les eftimer en argent. La diminution progreffive de fa valeur prefcrit de ne le faire que pour un temps limité & non à perpétuité. Cette eftimation doit être renouvelée à chaque expiration du nombre d'années dans la révolution defquelles il peut furvenir une augmentation du prix des grains.

La plupart des curés, des vicaires perpétuels, des vicaires déffervans des églifes fuccurfales poffedent des biens que la piété à donnés, comme on l'a vu, pour leur fubfiftance. Ce n'eft qu'à ceux qui n'en ont point, que doivent être accordées les portions de la dixme qui feront réglées pour celle des uns & des autres, & il n'en doit être attribué à ceux qui en ont dont le revenu ne fera pas aufli confidérable, qu'une partie pour y fupléer; Mais comme il faut qu'on fixe ces portions en grains, il faut aufli qu'on eftime ce revenu de même afin

de connoître exactement de combien il
est inférieur, & de pouvoir régler à
perpétuité la partie qui en doit être assignée
en supplément.

Il est des dixmes inféodées qui contribuent à la subsistance des curés, des
vicaires à cause de l'insuffisance de la
dixme. Il est juste qu'elles continuent de le
faire. Il n'y a qu'à obliger ceux envers
qui cela a lieu, de déclarer les propriétaires de ces dixmes & les sommes
qu'ils leur payent. Il n'y a qu'à ensuite
évaluer celles - ci en grains, & charger
ces derniers d'en faire à perpétuité le
payement, de la même maniere que
devra se faire celui des portions du produit de la dixme qui seront affectées pour
le même objet.

On peut charger les curés, les vicaires
des réparations des presbyteres. Il paroît
juste de les assujettir aux mêmes charges
que les autres usufrutiers. Il est convenable d'éviter de petits détails d'administration. Il n'y a qu'à prendre ces charges

en confidération en leur accordant une portion du produit de la dixme.

Si cependant on y trouve de l'inconvénient, on peut y pourvoir avec ce produit. Il doit d'ailleurs fubvenir aux réconftructions de ces édifices. Cela eft praticable à ces deux égards de la maniere la plus fimple. Il doit fuffire qu'on en faffe la demande aux évêques, qu'ils en faffent reconnoître le befoin, qu'ils faffent procéder à un devis des ouvrages néceffaires, qu'ils les faffent laiffer à l'entreprife de même qu'on doit laiffer à ferme la dixme

Les dépenfes qu'exige le culte Divin dans les paroiffes, font de différentes nature.

Les unes font ordinaires & permanantes, telles que la fourniture du pain & du vin pour la meffe, le luminaire, le blanchiffage des linges, leur entretien, celui des ornemens, des cloches, les gages des clercs, des recteurs d'école aidans à la célebration du fervice Divin, le port des faintes huiles.

Les autres font extraordinaires & accidentelles, telles que les réparations & les réconftructions des églifes, des facrifties, des clochers, la confection & les réparations des vafes facrés, des croix, des chandeliers, encenfoirs, lampes, & autres meubles, l'achat des ornemens, des linges, des livres ; la confection des cloches.

Dans les paroiffes où il y a des fabriques ayant des revenus fuffifans, ils doivent fubvenir à ces premieres dépenfes. Dans celles où il n'y en a pas d'affez riches, & où il n'y en a point, il convient & il eft fage d'y affecter les revenus des confrairies, au moins de celles qui font établies dans les églifes paroiffiales : Ils font communément employés à des dépenfes qui ne fervent point au culte Divin, dont il né réfulte aucun avantage à la Religion, pas même aucune efpece d'utilité ; Ils le font fouvent à des dépenfes pernicieufes, à des procès, à des chicanes ; Ils font ordinairement mal adminiftrés, diffipés en grande partie,

& même quelquefois livrés à la déprédation.

Ces confrairies peuvent être réunies aux fabriques dans les paroisses où il y en a, & en former dans celles où il n'y en a point.

Mais dans le cas d'insuffisance de leurs revenus, & au défaut des unes & des autres il doit être pourvu à ces dépenses de même qu'aux extraordinaires & accidentelles avec le produit de la dixme. Cela se peut de la même maniere simple. La demande n'aura qu'à en être formée aux évêques; Ils n'auront qu'à en conséquence faire procéder à une reconnoissance du besoin qui en sera exposé, à un devis des ouvrages qui seront nécessaires, à une fixation de la qualité des fournitures & entretiens, des vases, meubles & autres choses qui le seront, faire laisser à l'entreprise les premiers ainsi qu'on l'a dit, commettre à l'emplete des seconds le curé de la paroisse avec un ou deux ecclésiastiques s'il y en a dans le lieu, où s'il n'y en a pas avec d'autres curés du voisinage ; Ils pouront aussi faire laiffer au rabais de la même maniere les places des clercs, recteurs d'école aidans à la célébration du fervice Divin. Rien ne feroit plus contraire au fage emploi qui doit être fait du produit de la dixme & à la prudence, que de confier ces objets à la régie, à l'économie de quelques adminiftrateurs que ce foient, qui ne feroient pas excités par le reffort de l'intérêt perfonnel.

Il eft des diocefes où ce produit doit être furabondant : Il en eft où il peut être infuffifant. La nature & l'objet de l'établiffement de cette contribution publique exigent que le fuperflu des uns furvienne au befoin des autres ; Mais pour que cela puiffe avoir lieu, il faut que l'un & l'autre foient connus, & que le premier foit diftribué au fecond. D'où il réfulte qu'il eft néceffaire que les évêques donnent des états exacts du produit de la dixme dans leur diocefe, des portions qui y font dues aux curés, aux vicaires, des dépenfes qu'y exige le culte Divin, qu'il foit établi une commiffion d'un certain nombre d'entr'eux à qui ils foient remis, & l'on donne le pouvoir de faire paffer des diocefes où la dixme eft furabondante, ce dont ont befoin ceux où elle eft infuffifante. Il paroît que fuivant la nature de cette contribution c'eft au fouverain à les nommer: Il convient qu'on en choififfe qui foient à portée de s'affem- bler & de le faire avec peu de frais.

Le furplus du produit de la dixme après cette diftribution appartient aux pauvres en vertu de la conceffion qui leur en a été faite d'une part lors de fon établiffement, en fuite de fa furabon- dance à la fubfiftance des miniftres de la Religion & aux dépenfes du culte Divin. Les évêques doivent en faire la difpenfation d'après la connoiffance de leurs befoins, pour le foulagement au moins des plus durs, des plus-preffans. On expofera dans la fuite la maniere de le faire. La juftice, la charité, l'humanité impofent le devoir le plus facré de leur faire la reftitution, de leur rendre la jouiffance de ce patrimoine qu'on leur a ravi fi injuftement.   La

La distribution du produit de la dixme peut se faire avec autant de facilité & avec aussi peu de frais que son recouvrement. Il n'y aura à l'égard des portions qui en seront dues aux curés, aux vicaires, à l'égard du prix des adjudications & des emplettes, à l'égard des sommes destinées au soulagement des pauvres, qu'à charger les receveurs de donner des mandemens sur le fermier du lieu où le payement devra s'en faire ou sur ceux du voisinage. La distribution du superflu de certains dioceses au besoin des autres peut s'opérer avec des billets des caisses dont on a fait voir qu'il est si important de faire l'établissement.

Il est donc aussi incontestable qu'il y a les moyens les plus simples & les plus faciles de rendre la dixme à l'objet de son établissement, qu'il l'est qu'il en existe l'obligation la plus sacrée & la plus indispensable.

Tome III. H

CHAPITRE VII.

Grands avantages de rendre la dixme à l'objet de son établissement, au défaut de pouvoir la supprimer.

LES grands avantages que recevra la Religion, sont évidens. Les ministres servans au culte Divin dans les églises destinées à assembler le peuple pour le rendre, auront une honête subsistance. Il est *honteux* qu'il y en ait qui soient à peine pourvus du nécessaire, tandis que les *injustes* possesseurs de la part de la dixme qui leur a été attribuée, ont abondamment du superflu.

Les églises auront des ornemens décens. Il est indigne qu'elles soient en grande partie dans un état de pauvreté & d'abjection, tandis que les habitations des *usurpateurs* de la part de la dixme qui leur a été consacrée, ont un air d'opulence & de noblesse.

Les pauvres recevront des secours

charitables. Il est *odieux* qu'ils languiſſent dans le beſoin & la miſere ; tandis que les *raviſſeurs* de la part de la dixme qui leur a été affectée, vivent dans l'abondance & les délices.

Il pourra y avoir dans chaque paroiſſe les miniſtres néceſſaires pour le culte Divin : Il pourra y avoir les choſes convenables à ſon Auguſte Majeſté.

Il n'y aura plus de rétributions, de ſalaires au ſujet des nobles fonctions du ſacerdoce : Il n'y en aura plus à l'égard de l'adminiſtration ſpirituelle des ſacremens.

Il n'y aura plus d'affaires d'intérêt entre les curés & les paroiſſiens : Il n'y aura plus de ſemences de diviſions entre les paſteurs& & les brebis.

Un tribut religieux, accablant ne ſera plus diverti de ſon objet ſacré, onéreux ; Il ne ſervira plus à entretenir un grand nombre de moines & d'eccléſiaſtiques dans l'oiſiveté, dans la molleſſe & un conſidérable des derniers dans le luxe, dans le faſte.

Les grands avantages que recevra l'État, font auſſi évidens. Le peuple ſera déchargé des offrandes, des redevances, des preſtations qu'il doit aux curés, aux vicaires, des rétributions, des droits qui forment leur caſuel; Il ſera déchargé dans les lieux où il y a des décimateurs qui entretiennent le chœur & fourniſſent les choſes abſolument néceſſaires à la célébration du ſervice Divin, des réparations, des réconſtructions des nefs, des égliſes, de celles des ſacriſties, de celles des clochers, de celles des preſbyteres, de l'entretien des cloches, de leur confection, de la fourniture des ornemens, des linges, des vaſes, des meubles, du luminaire & des autres choſes que la majeſté du culte Divin exige au - delà du pur néceſſaire, ainſi que des gages des clercs, recteurs d'école aidans à cette célébration; Il le ſera de plus par-tout ailleurs des réparations, des réconſtructions du chœur, de ſes décorations, de la fourniture & de l'entretien des ornemens, des linges, des vaſes, des croix, chandeliers , encenſoirs , de la fourniture du pain & du vin de la meſſe , des livres , du luminaire & des autres choſes néceſſaires pour la célébration du ſervice Divin.

Les contributions pour pourvoir à ces différens objets religieux , ſeront à jamais ſupprimées. Celles pour ſubvenir aux diverſes dépenſes politiques ſeront facilement levées.

Les charges , l'accablement du peuple diminueront conſidérablement. Ses facultés , ſes forces augmenteront proportionnellement.

Il ſera détruit de grands obſtacles à l'établiſſement des impoſitions , des impôts néceſſaires pour le bien général. Il naîtra des moyens faciles pour l'approviſionement de revenus ; de reſſources convenables dans les diverſes circonſtances.

L'agriculture , l'induſtrie , le commerce recevront des faveurs. Les forces , les richeſſes , la puiſſance de l'Etat acquerront un accroiſſement.

H 3

Il sera restitué un patrimoine consacré au soulagement des pauvres. Il sera donné des secours dus aux besoins du peuple.

CHAPITRE PREMIER.

*Que parmi les citoyens qui servent l'État,
il en est à qui il doit des récompenses.*

ON a vu que l'union des forces des
citoyens pour procurer le bien général,
s'opére en laissant l'Etat les mettre en
jeu & en œuvre, les diriger & en faire
usage pour cet objet de l'union sociale ;
On a vu qu'elles sont de deux especes,
qu'elles sont personnelles & réelles.

IL en résulte évidemment que l'Etat
doit une rétribution aux citoyens dont
il fait usage des forces personnelles. Il
les empêche de s'en servir pour pourvoir à leurs besoins, ou pour procurer
de quelque maniere que ce soit leur
avantage.

MAIS son bien & la justice lui prescrivent de donner des récompenses à
ceux qui dans les divers usages qu'il en

fait & dans les différentes claſſes qu'ils forment, les y conſacrent avec le plus de zele & d'avantage ; Ils lui preſcrivent d'en donner à ceux qui les y ont dévouées pendant long-temps ; Ils lui preſcrivent d'en donner à ceux qui les y ont employées tant qu'ils en ont eu la faculté.

CHAPITRE II.

Des récompenses que l'État doit aux citoyens qui dans les divers emplois qu'il en fait & dans les différentes classes qu'ils forment, le servent avec le plus de zele & d'avantage.

L'ÉTAT fait divers usages des forces personnelles des citoyens au sujet des divers moyens de procurer le bien général, & il existe nécessairement différentes classes parmi ceux à l'égard de qui cela a lieu.

Son bien & la justice ne prescrivent pas seulement le devoir de récompenser dans chacune ceux dont le zele & les services sont supérieurs à ceux des autres, mais encore la maniere de le faire; Ils prescrivent de les élever aux places qui viennent à vaquer dans celle qui la précede.

C'est un moyen de les encourager à cette avantageuse supériorité: C'en est

un de leur témoigner une juste recon-
noiſſance : C'en eſt un de leur accorder
une flateuſe préférence : C'en eſt un de
les favoriſer de meilleurs appointemens :
C'en eſt un de plus d'exciter une vive
émulation.

Des récompenſes pécuniaires ou purement intéreſſées de quelque maniere que
ce puiſſe être, y ſeroient au contraire
un obſtacle. Il ne naîtroit plus de zele
pour le bien de l'Etat, ou il expireroit
en naiſſant. Tout germe de patriotiſme
ſeroit étouffé. L'intérêt deviendroit le
ſeul principe qui feroit agir les citoyens.
Il faudroit payer & récompenſer chérement leurs ſervices. L'Etat s'épuiſeroit ;
Il s'appauvriroit bientôt. Le peuple ſeroit ſurchargé ; Il ſeroit dans peu accablé.

Il eſt des moyens de connoître cette
ſupériorité de zele & de ſervices. Ou
les citoyens qui ſervent l'Etat compoſent des corps, ou ils n'en compoſent
pas ; Dans le premier cas il n'y a qu'à
faire choiſir toutes les années par cha-

cun de ces corps un certain nombre de leurs membres pour juger quels font ceux dans les différentes claffes qu'ils forment, dont le zele & les fervices font fupérieurs.

Il eft certain qu'un choix fi honorable tombera fur ceux qui jouiront de l'eftime, qui mériteront la confiance des autres. Il eft certain qu'ils réuniront conféquemment les lumieres, les qualités néceffaires pour porter les jugemens les plus juftes. Il y a lieu d'affurer que le refpect humain ne porte atteinte à la liberté de leurs fuffrages ; Il n'y a qu'à les obliger même par ferment de garder le fecret le plus fcrupuleux à leur égard. Il y a lieu d'affurer que les follicitations ne nuifent à l'équité de leurs jugemens : Il n'y a qu'à les obliger de remplir leur commiffion fans délai auffitôt aprés leur élection.

Quant aux citoyens qui fervent l'Etat, qui ne compofent pas des corps, leur zele & leurs fervices doivent être connus de ceux qui font à la tête des dif-

férentes branches de gouvernement, d'adminiſtration dans leſquelles ils occupent
des emplois. Il n'y a qu'à prépoſer un
certain nombre d'entr'eux chaque année
pour examiner & juger de la même maniere quels ſont ceux dans les différentes
claſſes qu'ils forment, dont le zele & les
ſervices ſont ſupérieurs.

Il eſt de la plus grande importance
pour le bien de l'Etat qu'il n'y ait que
la ſupériorité de zele, de patriotiſme,
de talens, de mérite qui puiſſe élever
les citoyens qui ſervent l'Etat aux places
des claſſes qui précedent celles dans leſquelles ils ſont. Il lui eſt infiniment contraire que le crédit, l'intrigue puiſſent les
obtenir. Il lui eſt infiniment contraire
que les richeſſes, l'argent puiſſent les
procurer.

CHAPITRE III.

Des récompenses que l'État doit aux ci-
toyens qui le servent depuis long - temps

LE bien de l'Etat, la justice prescrivent
de récompenser les citoyens qui le servent depuis long-temps. Cela est sur - tout évident à
l'égard de ceux qui ne doivent pas être
élevés à des places supérieures par le
défaut de supériorité de zele & de services.

Ces récompenses ne peuvent être,
comme on vient de le dire, pécuniaires
ou purement intéressées. Il résulte à
tous égards qu'elles doivent consister dans
des distinctions relatives à la nature &
à l'importance des services de ces citoyens. C'est le moyen de les exciter à
une utile persévérance : C'en est un de
leur donner un témoignage notoire de
reconnoissance : C'en est un de leur accorder une attestation publique de la
longueur de leurs services.

Il n'eſt point de diſtinctions qui puiſſent y être plus convenables, qui puiſſent plus avoir ces avantages, que des décorations extérieures. On peut les rendre plus ou moins honorables ſuivant cette nature & cette importance. Elles peuvent avoir lieu dans différens ornemens à l'habillement, dans différentes croix, dans différentes médailles, dans différens cordons, dans différentes manieres de les porter. Il peut y en avoir de plus ou moins diſtinguées pour les magiſtrats employés au gouvernement, à l'adminiſtration de l'État. Il peut y en avoir pour les ambaſſadeurs, les négociateurs chez les nations étrangeres. Il peut y en avoir pour les généraux des armées, les officiers des troupes, même pour les ſoldats. Il peut y en avoir pour les citoyens chargés du recouvrement & de l'emploi des revenus & des reſſources de l'Etat.

Ces récompenſes ſeront purement honorifiques; Elles ne ſeront point coûteuſes à l'Etat; Elles ne ſeront point onéreuſes au peuple.

Ces récompenses seront fixées à une certaine ancienneté de services ; Elles ne pourront être surprises par le crédit , par l'intrigue : Elles ne pourront être avilies par la multiplicité , par la prostitution.

Il ne résulte point qu'il n'est pas des cas , des circonstances qui donnent lieu à d'autres récompenses:

CHAPITRE IV.

Des récompenses que l'État doit aux ci-
toyens qui l'ont servi tant qu'ils en ont
eu la faculté.

Les récompenses que l'Etat doit à
ces citoyens ou à ceux que l'âge, les
infirmités empêchent de continuer à le
servir, résultent de la nature de la chose.
Il en dérive évidemment que la conservation du même rang & des moyens
de vivre convenablement, doivent les
former.

La premiere partie de ces récompenses est honorifique ; Elle ne doit
point être à charge à l'Etat. La seconde
est pécuniaire ; Mais elle ne doit point
lui être plus à charge.

Il est juste d'y faire contribuer les
citoyens vivans de leurs revenus dans
l'oisiveté & inutiles à l'Etat. Cela peut
avoir lieu de la maniere la plus simple,
la plus facile. Il n'y a qu'à les im-

poser

poser à ce sujet dans les rôles à la
confection desquels on a vu que doivent
procéder les administrateurs des provinces. On peut en avoir connoiffance
en les faisant déclarer dans ceux qui
doivent être faits dans chaque lieu.

'Il est un autre moyen d'y subvenir
facile, le plus jufte, le plus avantageux,
qui peut avoir lieu dans la plupart des
états, particuliérement en France. C'est
d'y employer une partie des bénéfices.

Le Pape Pie IV, a accordé aux chevaliers de Saint Lazare de Jérufalem le
privilége de posséder, quoiqu'ils fussent
mariés, même en fecondes noces, une
ou plusieurs pensions jusqu'à la concurrence de 500 ducats de la chambre
apoftolique, fur tous les fruits, revenus,
produits, droits, émolumens quelconques
de toutes fortes d'églises, de monafteres,
de bénéfices même confiftoriaux fans
exception ; Il l'a même étendu à la faculté de jouir à la place de ces pensions
& jufqu'à la concurrence de cette fomme

de ces fruits, revenus, produits, droits, émolumens. (*a*)

Le Pape Pie V, a reſtreint ce privilége aux chevaliers de cet ordre qui ne

(*a*) *Bullarium romanum, Conſtitut. 95, Pii 4, diei 11, maii anni 1565, § 48. Et inſuper militibus ac presbyteris & capellanis hoſpitalis et militiæ ſancti Laʒari hujuſmodi nunc et pro tempore exiſtentibus, ac eorum ſingulis tàm clericis quàm laicis etiam conjugatis et bigamis, ut unam vel plures penſiones annuas uſque ad ſummam quingentarum ducatorum auri decameræ novorum, ſuper quorumvis cathedralium etiam metropolitanarum et aliarum eccleſiarum, ac earum menſarum, etiam patriarchalium, archiepiſcopalium et epiſcopalium, nec non etiam monaſteriorum, etiam conſiſtoralium, prioratuum, canonicatuum, et præbendarum, dignitatum, perſonnatuum, adminiſtrationum et officiorum, aliorumque beneficiorum eccleſiaſticorum cùm curâ et ſine curâ, ſecularium et quorumvis ordinum regularium qualitercumque qualificatorum fructibus, redditibus, proventibus, juribus, obventionibus et emolumentis, at diſtributionibus quotidianis alias canonicè ſibi reſervatas ſeu reſervandas, vel loco penſionum annnuarum omnes & ſingulos ac quoscumque ſimiles fructus, redditus et proventus, jura, obventiones & emolumenta quæcumque ac etiam diſtributiones quotidianas ſibi reſervata et reſervanda etiamſi poſt illarum vel illorum reſervationem uxorem duxerint et bigami effecti fuerint, accipere ſeu retinere et ad vitam percipere, exigere et levare, ac in ſuos uſus et utilitatem convertere.*

se marieroient qu'une fois & qui n'épou-
seroient pas une veuve. (*a*)

CLÉMENT VIII, a ensuite réduit ces
pensions, ces jouissances à 400 ducats. (*b*)

MAIS il seroit facile de faire rétablir
par le souverain pontif le privilége dans
son état primitif pour un objet si intéressant, si important au bien public.

PAUL V, l'a accordé dans son entier
aux chevaliers de l'ordre de Notre - Dame
du Mont-Carmel en France, qu'Henri IV,
de glorieuse mémoire y institua & qu'il

(*a*) *Ibidem. Constitut.* 18 , *Pii* 5 ; *diei* 7 , *februarii anni*
1567 , § 14. *Et insuper milites ac presbyteri et capellani hos-*
pitalis et militia sancti Lazari hujusmodi, nunc et pro tem-
pore existentes ac eorum singuli , etiam conjugati qui cum
unicâ tantum et virgine matrimonium contraxerint , unam
vel plures pensiones annuas usque ad summam quingento-
rum ducatorum auri de camerâ novorum super quorumvis
cathedralium etiam metropolitanorum. . . . . . .

(*b*) *Ibidem. Constitut.* 102 , *Clementis* 8 , *diei* 9 *septembris*
anni 1603 , § 13. *Facultatem tamen obtinendi pensiones militi-*
bus , presbyteris et cappellanis prædictis hospitalis et militiæ
predictorum , usque ad summam quingentorum ducatorum
auri de camerâ concessam , ad summam quadringentorum
ducatorum similium limitamus , reducimus & moderamur.

y unit à celui de Saint Lazare. (*a*)
Cinq ducats de la chambre apofto-

(a) Ibidem. Conſtitut. 41 , *Pauli* 5 , diei 16 , *februarii anni*
1607 , § 19. *Magiſter autem ac militibus , preſbyteris ac ca-*
pellanis prædictis , eorum que ſingulis tàm clericis quàm laicis
etiam uxoratis et bigamis , non tamen trigamis , ut unam
vel plures penſiones annuas , magiſtri videlicet uſque ad
mille quingentorum , cæteri verò milites prædicti ad quingen-
torum ducatorum auri de camerâ ſummas ſuper cathedra-
lium etiam metropolitanarum et aliarum eccleſiarum , nec
non monaſteriorum , etiam conſiſtorialium , prioratuum , ca-
canonicatuum, etiam præbendarum , dignitatum , perſonna-
tuum , adminiſtrationum et officiorum , aliorum que beneficio-
rum eccleſiaſticorum cum curâ et ſine curâ , ſecularium et
quorumvis ordinum regularium , qualiter cumque qualificato-
rum , in dominiis per dictum regem poſſeſſis dumtaxat con-
ſiſtentium , fructibus , redditibus et proventibus , juribus et
emolumentis univerſis ac etiam diſtributionibus quotidianis
eis apoſtolicâ autoritate reſervatas et reſervandas , vel loco
penſionum annuarum hujuſmodi omnes et ſingulos fructus ,
redditus et proventus : jura , obventiones et emolumenta ac diſ-
tributiones hujus modi , ſibi uſque ad dictam ſummam , ut
præfertur , reſervata et reſervanda , etiam ſi poſt illarum vel
illorum reſervationem uxorem duxerint et matrimonium
contraxerint , ac etiam , ut præfertur , bigami , non tamen
trigami , et ultra , dicto que matrimonio conſtante ad eorum
vitam , unâ cum quibus vis præceptoriis et aliis beneficiis
dictæ militiæ percipere , exigere et levare , et in ſuos uſus et uti-
litatem convertere liberè et licitè valeant , eiſdem autoritate
et tenore deſpeciali gratiâ etiam indulgemus ac deſuper cum
eiſdem magiſtro et militibus ac eorum ſingulis diſpenſamus.

lique valent un marc d'argent. Ces pensions ou jouiffances peuvent donc être très - confidérables. La valeur du marc d'argent non - monoyé en France eft de 51 liv. 3 fol. 3 den. $\frac{1}{11.}$ Elles y peuvent donc monter à la fomme de 5, 116 liv. 7 fol. 4 den.

Elles peuvent de plus avoir lieu & être poffédées avec les commanderies, les prieurés, les bénéfices de ces ordres.

On eft fondé de conjecturer qu'il eft poffible dans le royaume de donner avec les uns & les autres même aux citoyens qui ont fervi l'Etat dans des places éminentes & qui ne peuvent plus continuer à le faire, les moyens de vivre convenablement au rang qui leur doit être confervé; Mais dans le cas contraire il eft praticable ainfi que dans d'autres états de fuppléer à l'infuffifance de ces commanderies, prieurés, bénéfices en uniffant à ces ordres d'autres biens éccléfiaftiques.

On doit croire qu'on trouvera le Pape difpofé à augmenter même ces penfions ou jouiſſances pour un ſi grand objet d'utilité publique.

Les décorations de l'ordre de Saint Lazare & encore en France de celui de Notre - Dame du Mont - Carmel peuvent auſſi former celles dans leſquelles doivent conſiſter les récompenſes de la plupart d'ud grand nombre de citoyens qui ſervent l'Etat depuis long - temps. On peut établir un grand nombre de claſſes dans ces ordres & une grande variété dans leurs décorations.

Quel emploi plus avantageux ſeroit-il poſſible de faire des priviléges de ces ordres! Quel emploi plus utile ſeroit-il poſſible de faire d'une partie des bénéfices!

Henri IV, ce prince plus grand par ſes vues ſublimes pour le bien de ſon royaume, par ſa tendreſſe paternelle pour ſon peuple, que par ſes qualités héroïques, par ſes exploits guerriers, ne manqua pas de l'appercevoir; Il ſentit le prix & l'importance de ce moyen de récompenſer les citoyens qui ſervent

l'Etat & de foulager le peuple qui con-
tribue pour le faire.

Par quel preftige a-t-on perdu de
vue ce beau projet d'un grand prince?
Par quelle fatalité n'y a-t-on pas
donné une heureufe exécution d'une fin-
guliere facilité? Le deffein en a été
formé fous Louis XV, & a été an-
noncé par un édit du mois d'avril 1722
dans lequel les priviléges de ces ordres
ont été confirmés; Mais il n'a fait que
naître & mourir: Ça été un rayon de
lumiere qui n'a fait que briller & dif-
paroître.

Le préambule de cet édit commence
ainfi: ,, Dans le deffein que nous avons
,, formé de procurer à la nobleffe de
,, notre royaume & aux officiers de nos
,, troupes des fecours & avantages que
,, notre juftice ne nous permet pas de
,, refufer à leur naiffance & à leurs fer-
,, vices, nous croyons devoir recher-
,, cher les moyens qui feront le moins
,, à la charge de nos finances & de nos
,, peuples, & en même temps fuffifans

» pour remplir nos vues de foulager &
» gratifier les perfonnes dont les befoins
» & les mérites nous feront plus con-
» nus. Nous avons été bien informés
» que le Roi Henri IV, de glorieufe
» mémoire voulant exécuter un pareil
» deffein auroit inftitué en l'année 1607
» un ordre militaire en France fous
» la dénomination, le titre & la regle
» de Notre - Dame du Mont - Car-
» mel, & qu'il n'auroit fait en cela que
» renouveler l'ordre que les Ducs de
» Bourbon & de Vendôme fes illuftres
» ayeuls & les nôtres avoient érigé fous
» le titre ne Bourbon en l'honeur de
» celle que nos prédéceffeurs & nous
» à leur exemple avons toujours prife
» pour la patrone & la protectrice de
» notre royaume . . . . , ...
» . . . . , ...
» Henri IV. confidérant les grands &
» notables priviléges qui auroient été
» accordés à cet ordre & défirant con-
» tribuer à fon entiere illuftration, s'en
» déclara le fouverain chef & le pro-

» tecteur, & voulant joindre à ces titres
» celui de fondateur & doter cet ordre
» de biens & revenus suffisans il unit
» à l'ordre de Notre - Dame du Mont-
» Carmel celui de Saint Lazare de Jé-
» rusalem, le plus ancien ordre de la
» chrétienneté. »

Ça été un usage des plus anciens de donner des bénéfices en commende aux laïques pour récompenser les services qu'ils avoient rendus à l'Etat. C'est de là que sont venus les noms *d'abbates-milites*, *d'abbi - comites*. Le vénérable Bede se plaignoit de l'excès auquel cet usage avoit été porté en Angleterre après la mort du roi Alfrede. Les fastes de l'histoire font voir celui auquel il le fut dans presque toute l'Europe du temps de Charles - Martel.

Cet usage s'est maintenu dans la plupart des états, particuliérement en France, en envoyant dans les abbayes, les prieurés & d'autres monasteres de vieux officiers & soldats pour y être logés, nouris & entretenus, qu'on a nommés oblats.

En donnant à l'ordre de Saint Lazare de Jérufalem & à celui de Notre-Dame du Mont-Carmel en France la glorieufe deftination de récompenfer les citoyens qui fervent l'Etat, c'eft un réfultat néceffaire qu'ils ne doivent plus exiger de preuve de nobleffe. Peut-il être rien de plus noble, de plus diftingué que les fervices, le mérite, le patriotifme devant être l'objet de ces récompenfes? Ne font-ils pas des titres bien fupérieurs à ceux de la fimple nobleffe? Ne méritent-ils pas, n'infpirent-ils pas une confidération bien plus grande que celle-ci qui n'en jouit même que par la fuppofition de pareils fervices?

LES décorations de ces ordres deviendront des diftinctions les plus honorables, les plus flateufes; Elles feront une atteftation de longs fervices ayant mérité d'être récompenfés; Elles feront le prix d'une ancienneté fixée de fervices; Elles feront même en les rendant plus ou moins diftinguées, des témoignages de la nature, de l'importance de ces fervices.

ELLES peuvent être compatibles, se concilier avec celles de tous autres ordres deftinés à récompenfer en particulier certains genres de fervices.

LE titre de Bourbon fous lequel l'ordre de Notre - Dame du Mont-Carmel a été primitivement érigé, pourroit être dans le royaume convenable, favorable à la deftination la plus noble, la plus avantageufe qu'on propofe d'y donner à cet ordre & à celui de Saint Lazare auquel il a été uni; Il feroit infiniment cher, agréable & flatteur à la nation.

ON a inftitué en Suede un ordre fous le nom de Vafa pour un objet à peu près femblable.

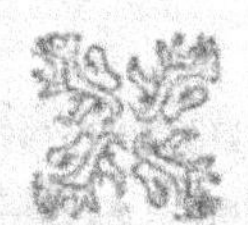

CHAPITRE V.

Suite du Chapitre précédent.

IL y a une partie des bénéfices qui
est conférée à des ecclésiastiques qui
sont utiles à la vérité à la religion ,
mais qui en ont déja leur donnant des
revenus suffisans, ou même trop considérables. Le superflu qu'on leur prodi-
gue, leur inspire du goût pour le luxe,
la mollesse , les délices, le faste ; Il
leur fait perdre l'esprit & les mœurs
de leur état ; Il leur fait répugner les
vertus & les devoirs du sacerdoce ; Il
les dégoûte des fonctions & des travaux
de leur ministere. Rien n'est plus contraire à l'esprit & au bien de la religion.

IL y a une partie des bénéfices qui
est conférée à des ecclésiastiques qui lui
sont inutiles & à l'Etat auquel ils sont
même à charge, comme on l'a déja
dit, par le célibat dont ils sont pro-

feſſion. Il eſt vrai que pour l'ordinaire c'eſt pour récompenſer les ſervices de leur famille. On a bien ſenti qu'il n'étoit pas poſſible de faire un uſage plus ſage, plus avantageux des bénéfices, que de les employer à récompenſer les citoyens qui ſervent l'Etat ; Mais c'eſt ſe tromper groſſierement que de croire en diſpoſer ainſi en les conférant à des eccléſiaſtiques de leurs familles.

C'EST ôter les récompenſes aux citoyens qui les ont méritées : C'eſt les donner à leurs parens qui n'y ont point coopéré. C'eſt les enlever au mérite, au patriotiſme : C'eſt les proſtituer à l'inutilité, à l'indifférence pour le bien public. C'eſt en fruſtrer les profeſſions compoſées de citoyens qui ſervent l'Etat : C'eſt les affecter à un état régorgeant de membres qui lui ſont même à charge. C'eſt faire naître du dégoût pour celles - là : C'eſt inſpirer de la préférence pour celui - ci : C'eſt détruire le puiſſant reſſort des récompenſes : C'eſt anéantir le grand aiguillon du zele.

Les eccléſiaſtiques à qui on donne des bénéfices pour récompenſer des ſervices de leurs parens, ne ſe conforment point à cette intention; Ils s'en arrogent l'avantage; Ils ne s'acquittent point du devoir de leur en faire part, ou s'ils le font ce n'eſt qu'avec une main avare & à titre de don qu'il faut acheter par des ſoupleſſes ſouvent plus coûteuſes, plus pénibles que ces ſervices.

Il ne peut rien être de plus déraiſonable, de plus injuſte, de plus abuſif, de plus déſavantageux que cette prétendue maniere de récompenſer.

Il n'eſt pas ſeulement contraire au bien de l'Etat & à la juſtice de faire des récompenſes dues aux citoyens qui ſervent l'Etat, un appanage de l'état eccléſiaſtique; Mais cet état étant nombreux à l'excès, hors de toute proportion avec ſa deſtination & pouvant l'être à l'infini, il l'eſt encore de lui donner une facilité étonnante de ſe procurer des richeſſes même des honeurs, laquelle dégoûte des autres états ne pouvant avoir de pareils avantages, fujets au contraire à beaucoup de charges, particuliérement à celles du mariage; Mais il l'eft encore de livrer à un grand nombre de confomateurs oififs, inutilés, célibataires, ftériles, des biens immenfes dont on prive les citoyens laborieux, utiles, mariés, peres de famille, ou qui feroient excités par l'aifance qu'ils leurs donneroient, à le devenir.

IL eft évident, il eft inconteftable que ce fera une chofe très-utile à l'Etat, très-avantageux à la Religion, très-conforme aux intentions des fondateurs, que l'emploi d'une partie des bénéfices douant de fuperflu, plongeant dans le luxe un grand nombre d'eccléfiaftiques, aux récompenfes des citoyens fervant l'Etat & au foulagement du peuple contribuant pour y fubvenir.

CETTE deftination eft propre à remplacer celle des biens qui ont été donnés à l'ordre de Saint Lazare dans les premiers temps de fon inftitution & de ceux des maladreries ou léproferies qui y ont été unis, biens voués à l'utilité publique à la quelle ils reftent toujours confacrés.

QUELLE autre des commenderies, des prieurés, du furplus des biens de cet ordre pourroit avoir les mêmes avantages ou de capables feulement d'en approcher?

ELLE feule peut dans le royaume être conforme aux vues des princes qui ont donné des biens & uni des bénéfices à cet ordre, ainfi qu'à celui de Notre - Dame du Mont - Carmel; Elle feule peut remplir l'objet de l'inftitution de ce dernier ordre.

LE clergé ne pourra fous aucun fondement, n'ofera en aucune maniere former des plaintes & des réclamations contre cet emploi d'une partie des bénéfices devant emporter le fuffrage du public, devant obtenir une approbation générale. C'eft le chef de l'églife qui a accordé aux chevaliers de ces ordres le jufte, le louable privilége de participer à la jouiffance des biens dont la libéralité,

la

la piété des laïques l'a exceſſivement
enrichie. Quel uſage plus convenable,
plus utile, plus avantageux ſeroit - il
poſſible de faire de la quantité ſi prodigieuſe qui en eſt ſurabondante à la
ſubſiſtance des miniſtres de la Religion.
C'eſt le moyen d'ailleurs de faire finir
les clameurs à l'égard de la grandeur
énorme des biens du clergé contre le
bien de l'Etat & au préjudice des laïques,
à l'égard de leur mauvais emploi contre le bien de la Religion & au mépris
des intentions des fondateurs.

De plus les eccléſiaſtiques devront toujours être titulaires des bénéfices: Ils
pourront toujours en avoir abondamment
& bien plus que ſuffiſamment pour leur
procurer les commodités, les douceurs
de la vie malgré qu'ils ſoient infiniment
plus nombreux que ne le demandent les
fonctions auguſtes du ſacerdoc.

CHAPITRE VI.

Conclusion de ce Livre.

QUEL zele patriotique, quelle noble émulation ne voit - on pas réfulter pour fervir l'Etat! Quel heureux encouragement, quelle favorable perſévérance ne voit - on pas naître pour s'y dévouer! Quels avantages à l'égard des différentes branches de gouvernement, d'adminiſtration ne recevra-t-il pas! Quelle diminution à l'égard de divers genres de libéralités, de dépenſes ne gagnera·t-il pas! Combien le peuple ne devra - t - il pas moins contribuer! Combien ne fera-t-il pas évidemment foulagé !

LA France indépendamment d'une multiplicité inconcevable de charges, d'emplois fans fonctions, fans utilité, donnant avec des titres faſtueux des appointemens prodigieux, paye une quantité étonnante de penſions montant à une fomme énorme. On prétend qu'elle furpaffe même celle de 18,000,000 liv.

LIVRE VINGT-SIXIEME.

Des secours que l'État doit au peuple.

CHAPITRE PREMIER.

Divers besoins du peuple auxquels l'État doit des secours.

DANS un état où l'inégalité des fortunes est établie, les citoyens qui ne possèdent point ou assez de biens - fonds ou qui n'en partagent point ou suffisamment par des droits la propriété pour en tirer leur subsistance, n'ont pour y subvenir que la faculté de travailler.

MAIS ils sont exposé à en être privés par des maladies, par des infirmités passageres ; Mais ils le sont à en être dépouillés par la vieillesse, par des infirmités habituelles ; Mais il en est qui le sont à ne pouvoir l'exercer dans des temps fâcheux, par le défaut d'ouvrages, par celui des matieres premieres, d'instrumens nécessaires ; Mais il en est qui le font à perdre le fruit de leur travail par des événemens imprévus, par des accidens malheureux ; Mais il en est qui le font à ce que le fruit de leur travail ne puisse subvenir à leur subsistance & à celle de leur famille lors de l'interruption ; de celui de leur femme dans les incommodités des grossesses, dans les temps de couches, pendant qu'elle nourit', qu'elle soigne des enfans, lors de l'existence d'un grand nombre de ceux - ci ne pouvant travailler, lors de chertés, de disettes.

Les choses nécessaires à la vie, les soulagemens, les secours, dont ces citoyens ont besoin, font partie du bien général que l'Etat doit procurer. Celui est un devoir essentiel d'y pourvoir. Celui est aussi un intérêt capital de faire cesser tout empêchement de l'exercice de cette faculté, ou, ce qui est la même chose, de celui de l'agriculture, de l'industrie, & du commerce, ces principes de sa puissance, de veiller à la conservation des citoyens ou à celle de ses forces.

DE plus, plusieurs de ces citoyens laissent en mourant des enfans ne pouvant se procurer leur subsistance. Une partie de ceux qui sont privés ou dépouillés de la faculté de travailler, en ont souvent qui sont dans cette malheureuse impuissance. Il est d'ailleurs des citoyens en qui la misere étouffe les sentimens naturels, qui ont la barbarie d'abandonner leurs enfans. Il en est qui se prostituent à un infame libertinage & qui sont aussi dénaturés envers ceux qui en sont le fruit : Ou bien ces victimes infortunées, restent entre les mains de meres hors d'état de les nourir & de les élever.

LES choses nécessaires à la vie, les soins, l'éducation dont ces enfans ont besoin, font aussi partie du bien général que l'Etat doit procurer. Celui est un devoir essentiel d'y pourvoir. Celui est aussi un intérêt capital de leur faire donner les enseignemens nécessaires pour l'exercice de la faculté de travailler, ou celui de l'agriculture, de l'industrie & du commerce, de veiller à l'augmentation des citoyens ou à celle de ses forces.   K 3

C'est la société civile qui a dépouillé les hommes des droits communs & égaux que la nature leur a donnés à ses productions, à ses bienfaits. C'est elle qui a légitimé, érigé en droits les propriétés. Il résulte donc nécessairement que l'Etat doit pourvoir aux besoins des citoyens qui n'en ont point, & qui ne peuvent par le seul moyen qu'il y ait ou le travail y subvenir, & à ceux de leur famille.

CHAPITRE II.

Qu'il résulte de la nature des divers besoins du peuple différentes manieres d'y donner les secours que l'Etat leur doit.

IL est de ces besoins qui ne sont pas de nature à ce que les secours que l'Etat leur doit, puissent être donnés en particulier ou séparément aux citoyens qui les éprouvent. Il seroit prodigieusement dispendieux, il ne seroit même guere possible avec une dépense énorme de procurer ainsi ceux dont ont besoin les citoyens n'ayant pour toute faculté que celle de travailler, qui en sont privés par des maladies, par des infirmités passageres, qui en sont dépouillés par la vieillesse, par des infirmités habituelles. Il en seroit de même à l'égard des enfans dont on a parlé dans le chapitre précédent à l'exception de ceux de ces premiers. D'ailleurs du nombre des besoins de ces citoyens & de ces enfans est preſque toujours celui d'une habitation.

Il eſt au contraire des beſoins du peuple qui ſont de nature à ce que les ſecours que l'Etat leur doit, ſoient donnés en particulier aux citoyens qui les éprouvent. Il ne doit point être plus diſpendieux, il ſera même très - facile avec une dépenſe modique de procurer ainſi ceux dont ont beſoin les citoyens n'ayant, comme on vient de le dire, que la faculté de travailler, qui des différentes manieres dont on l'a expoſé ou ne peuvent l'exercer, ou perdent le fruit de leur travail, ou n'en retirent pas un ſuffiſant pour ſubvenir à leur ſubſiſtance & à celle de leur famille. Il en doit être de même à l'égard des enfans de ceux qui ſont privés de cette faculté par des maladies, par des infirmités paſſageres.

CHAPITRE III.

Des secours que l'Etat doit au peuple, qui ne peuvent être donnés en particulier ou séparément aux citoyens qui en ont besoin.

Les besoins du peuple qui ne sont pas de nature à ce que les secours que l'Etat leur doit, puissent être donnés en particulier ou séparément aux citoyens qui les éprouvent, sont ceux des malades, des infirmes, des vieillards, des orphelins, des enfans illégitimes, abandonnés. Il n'est de moyen de leur procurer ceux qui leur sont nécessaires, que d'en rassembler, d'en réunir dans un même lieu, dans une même habitation autant qu'il peut être praticable & convenable. D'où il résulte qu'il doit y avoir des maisons qui y soient destinées. Mais il est évide que pour qu'elles puissent remplir cette importante destination, il faut qu'elles soient multipliées suffisamment & dispersées convenablement dans toute l'étendue du territoire de l'Etat.

L'HUMANITÉ, la charité ces grandes,
ces sublimes vertus en ont établies; Mais
elles ne l'ont fait en général que pour
quelques - uns de ces besoins, & que
dans les villes considérables. Il n'y a
cependant dans les villes qu'une petite
partie du peuple. Il n'y éprouve que peu
de besoins, & il y trouve beaucoup de
ressources auprès des citoyens riches &
aisés qui les habitent.

C'EST dans les campagnes qu'est principalement le peuple : C'est là où il fait
renaître les productions de la nature, les
seules vraies & réelles richesses : C'est
là où il exerce le premier, le plus utile,
le plus nécessaire des arts ; L'art nouricier
des hommes, l'art producteur des matieres premieres des autres : C'est là où
il procure la subsistance de tous les
citoyens, les choses nécessaires, & ori-
ginairement toutes celles qui sont utiles
& agréables : C'est là où il pourvoit à
tous les besoins & supporte presque toutes
les charges de la société : C'est là où il
est le fond & la base de la population:

C'est là où il est le soutien & l'aliment de celle des villes dont il a été la source & le principe: C'est là où il est l'auteur des forces & des richesses de l'Etat.

Dans les campagnes néanmoins par la contradiction la plus étrange il manque souvent des productions de la nature qu'il fait naître; Il y jouit à peine de celles de l'art qu'il y cultive & presque pas de celles des autres dont il procure les matieres premieres; Il n'y a qu'avec difficulté sa subsistance, le nécessaire physique, que même dans la réalité les sueurs de ses travaux; Il n'y tient presque rien pour ses besoins & n'y reçoit que bien peu d'avantages de la société. Il n'y peut nourir & élever le grand nombre d'enfans qu'il procrée; Il y est oublié, délaissé des habitans des villes; Il y languit dans l'abattement & la misere.

Mais il y essuye sur - tout une guerre cruelle & meurtriere des besoins dont on vient de parler. Les soins, les traitemens, les remedes, même les alimens, au moins les convenables lui manquent

affez généralement dans les maladies,
dans les infirmités accidentelles. Les plus
légeres l'y font beaucoup fouffrir. Il
fuccombe ordinairement aux moins dan-
gereufes des premieres : C'eft une grande
caufe de dépopulation à laquelle on ne
fait nulle attention.

La nouriture , un azile , les foins néceffaires lui manquent de même affez
communément dans la vieilleffe , dans les
infirmités habituelles. Elles l'y font cruel-
lement languir. Souvent le fpectacle d'enfans ne pouvant gagner leur vie , man-
quant de tout , l'y accable encore de
chagrins. Elles l'y font toujours mourir
à petit feu.

Les orphelins , les enfans illégitimes ,
abandonnés y manquent pour l'ordinaire
de la nouriture & des foins convenables
à l'enfance ; Ils y font de malheureufes
victimes de la mifere & des différentes maladies de cet âge. Ou bien ils
y font privés d'éducation & des inftructions néceffaires pour le travail ; Ils y
font de funeftes fectateurs de l'oifiveté

& des vices de la nature humaine. Ou
ils y périssent à mesure qu'ils naissent,
ou ils y sont de mauvais sujets lorsqu'ils
vivent.

C'est principalement dans les campagnes qu'existent les besoins du peuple
qui ne sont pas de nature à ce que les
secours de l'Etat leur doit, puissent être
donnés en particulier ou séparément aux
citoyens qui les éprouvent. C'est donc
là principalement qu'il doit y avoir des
maisons destinées à en rassembler, à en
réunir autant qu'il peut être praticable
pour leur procurer ces secours, ou ce
qui est la même chose, qu'il doit être
établi des hôpitaux.

CHAPITRE IV.

De l'établissement des hôpitaux nécessaires pour procurer les secours que l'Etat doit au peuple, qui ne peuvent être donnés en particulier ou séparément aux citoyens qui en ont besoin.

L'ÉTABLISSEMENT de ces hôpitaux ne présente au premier coup - d'œil que la difficulté la plus grande, que même une impossibilité morale. Les édifices & les ameublemens qui leur sont nécessaires, doivent d'abord être extrêmement coûteux. Les secours auxquels ils sont destinés, doivent tous les ans être prodigieusement dispendieux.

La plupart des états auroient bien de la peine, sont même dans une espece d'impuissance de subvenir à ces dépenses. Il en est peu qui ne soient accablés de dettes : Il en est peu qui n'ayent surchargé le peuple d'impôts.

Une imposition capable d'y suffire

paroît un remede auffi fâcheux que le mal. Il femble que ce feroit ôter au peuple l'aifance dans la fanté, dans le bel âge pour lui donner le néceffaire dans la maladie, dans la vieilleffe.

L'HUMANITÉ, la charité, le patriotifme font incapables d'émouvoir les cœurs, de les exciter à fonder ces hôpitaux dans un fiecle où un luxe pernicieux corrompt & déprave les mœurs, où il étouffe, détruit toutes les vertus morales & fociales, où il concentre chaque individu dans fon intérêt perfonnel, où il ne fait refpirer que les commodités, les délices, les voluptés de la vie, où il épuife toutes les fortunes, où il enflame les cœurs de la paffion des richeffes.

MAIS il réfulte de la nature de la fociété civile un moyen d'établir ces hôpitaux, qui ne doit être à charge ni à l'Etat, ni au peuple : C'eft de faire contribuer pour cette maniere de procurer une grande partie des fecours que l'Etat doit au peuple, les citoyens ri

ches de leur superflu qui n'a pu se
former, & qui ne peut subsister qu'en
enlevant le nécessaire aux pauvres qui
en ont besoin. Leurs grandes propriétés n'ont pu naître, croître, s'accumuler qu'en les en dépouillant. D'où il
résulte qu'elles doivent subvenir à leurs
besoins.

On a fait voir comment on peut
les faire contribuer de leur superflu en
raison de sa grandeur ; On a fait voir
combien il est facile de les imposer à
ce sujet ; On doit donc le pratiquer
pour cet objet faisant partie du bien
général que l'Etat est obligé de procurer ; On doit donc les imposer à
cet égard dans les rôles de l'unique
imposition auxquels doivent procéder
les administrateurs des provinces. Il y
a lieu de faire faire le recouvrement
de cette contribution de la même maniere que celui de l'unique imposition.
On doit donc en charger les mêmes
collecteurs.

Mais ce n'est que dans une longue

suite

fuite d'années qu'il eft poffible avec le produit de cette impofition d'établir ces hôpitaux. Il n'eft que trop dangereux qu'un long intervalle de temps n'en occafione le ralentiffement, l'interruption, la ceffaton : Il n'eft que trop dangereux qu'il n'en faffe perdre de vue l'obligation, la n'éceffité, le projet : Il n'eft que trop dangereux que l'avarice, l'injuftice des riches ne forment des réclamations continuelles & importunes contre cette contribution : Il n'eft que trop dangereux que leurs intrigues, leur crédit ne trament une confpiration infâme & funefte contre ces hôpitaux.

Mais il eft heureufement très-poffible, & facile de les établir fans cette contribution & fans aucun retard.

Il y a un nombre prodigieux de monafteres dans les villes, dans les bourgs, dans les campagnes. L'objet de leur fondation n'y eft plus rempli, ou ne ne l'eft que d'une maniere illufoire. Ils ont dégénéré en abus les plus contraires au bien de la Religion & de l'Etat ; Ils font multipliés & ils font difperfés dans les campagnes de maniere à pouvoir former ces hôpitaux. Les biens immenfes dont la piété des fondateurs les a enrichis, font bien plus confidérables qu'il ne faut pour produire les moyens de donner les fecours auxquels ils feront deftinés. Les fimples menfes monachales dans les abbayes, les prieurés y feront fuffifantes. Il n'en eft point qui n'ayent de vaftes édifices & même de fpacieufes églifes qui peuvent procurer tous les bâtimens qui leur feront néceffaires, moyénant quelques changemens & réparations. Il n'en eft point qui n'ayent beaucoup de meubles qui peuvent fournir une grande partie des ameublemens dont ils auront befoin.

Le bien de la Religion, le bien de l'Etat, la piété des fondateurs réclament, prefcrivent de convertir les monafteres en ces hôpitaux. L'humanité, la charité le follicitent de toutes leurs forces.

Les biens que poffédent les monaf-

teres, leur ont été donnés pour y faire
rendre des hommages qui soient plus
dignes de la Divinité, pour y faire pratiquer la perfection qui a été unique-
ment indiquée par la Religion. Mais que
l'usage en est contraire à cette pieuse,
à cette sublime destination! Ils n'y servent presque généralement qu'à faire vivre dans l'abondance, dans l'aisance,
qu'à faire croupir dans l'oisiveté, dans
la mollesse un nombre prodigieux de
moines.

L'objet de leurs dons, les intentions
des fondateurs y sont oubliés, méprisés.
Les institutions religieuses, la discipline
monastique y sont perdues de vue, fou-
lées aux pieds. Quelques pratiques extérieures de piété, la seule forme de
l'habit de l'ordre y sont pratiquées, ob-
servées. Cela a dû arriver ainsi nécessairement à cause de l'étonnante multiplicité des monastères, & de l'excessive
grandeur de leurs richesses. La perfection
est une prérogative de peu d'individus.
Les richesses sont un poison pour tous
cœurs. L *

Les biens des monasteres leur ont été concédés à titre de propriété incommutable ; Ils sont inaliénables ; Ils sont hors du commerce.

Les biens ont été placés dans les mains de gens sans émulation, sans activité ; Ils sont négligés ; Ils donnent peu de produit.

Ces biens on été enlevés aux citoyens qui exercent l'agriculture, l'industrie, le commerce, les professions utiles, à ceux qui servent l'Etat ; Ils forment le patrimoine d'une multitude prodigieuse d'oisifs ; Ils ne cooperent point à la puissance de l'Etat.

Ces biens ont été ravis aux citoyens mariés qui procréent, nourissent, élevent des enfans, aux familles qui composent l'Etat ; Ils sont l'appanage d'une classe nombreuse de célibataires ; Ils ne contribuent point au soutien de l'Etat.

Il résulte de l'usage le plus abusif de ces biens que l'Etat monastique est & présente un moyen facile, certain de se procurer sans travail, sans peines les

commodités, les douceurs de la vie.
Il ne faut guere que la fcience de quelques mots d'une langue morte pour y
parvenir. Il eft infiniment préférable à
ceux qui ne peuvent donner que par
le travail, par des fueurs les chofés
néceffaires à la vie & tout au plus un
petit bien-être. Rien n'eft plus capable
d'infpirer du goût pour l'oifiveté, d'é-
touffer toute induftrie.

Un état fi favorifé, fi attrayant enleve un grand nombre de citoyens aux
profeffions utiles, particuliérement à
l'agriculture, à l'induftrie, au commerce
& il les détourne du mariage.

Qui pourroit calculer les progreffions
dans lefquels il a nui & nuit à la population, à la puiffance de l'Etat.

Les monafteres font de vrais gouffres
qui engloutiffent une partie des généra-
tions préfentes & futures ; Ils ont, dit
un auteur très - célebre (*a*) anéanti

_____

(*a*) M. de Montefquieu dans fes Lettres Perfanes.

plus d'hommes que les peftes & les guerres les plus fanglantes. Ce font vraiment des tombeaux du genre - humain.

Tous ceux qui s'enféveliffent dans le cloître, font autant de citoyens morts pour l'Etat. Que dis - je ? C'en font de vivans qui lui font à charge ; Ils en reçoivent les plus grands avantages ; Ils ne lui rendent que la plus monftrueufe ingratitude ; Ils lui font de la plus grande inutilité ; Ils ne contribuent nullement à fon foutien ; Ils paffent leur vie dans l'oifiveté, dans le célibat. Ils y confomment le produit de biens immenfes ; pouvant faire fubfifter un très-grand nombre de citoyens utiles, mariés, de familles ; Ils ne fupportent prefque aucune charge de la fociété. Ce font de vrais frêlons qui mangent le miel des abeilles.

Ca feroit bien pis encore, s'il s'étoit communiqué à cette espece particuliere de célibataires les vices des autres, fource empoifonnée de la dépravation

des mœurs, de la corruption des ma-
riages, obstacles les plus funestes à la
population.

De quel étonnement ne seroient pas
frappés, de quelle indignation ne seroient
pas saisis les fondateurs des monasteres,
s'ils venoient à être témoins de l'usage
si contraire à leurs intentions, qu'on
y fait des biens dont leur piété les a
comblés au préjudice de leur famille,
au mépris de la voix de la nature? De
quel devoir ne se croiroient-ils pas tenus, de quel zele ne seroient-ils pas
animés pour en dépouiller les coupa-
bles de ce criminel usage?

Rien ne pouroit rendre plus méri-
toire leur pieuse libéralité, rien ne seroit
plus conforme à leurs religieuses intentions, que d'employer ces biens aux
secours charitables, nécessaires aux pauvres malheureux.

Quel usage plus légitime, plus avantageux seroit-il possible de faire de
l'autorité souveraine, que d'opérer la
conversion de la plupart des monasteres
en hôpitaux.   L 4

POURROIT-on n'en pas concevoir l'heureux augure pour la France fous un Roi doué d'une fageffe confommée dans fa jeuneffe, animé d'une tendreffe paternelle pour fon peuple, mettant toute fon ambition, toute fa gloire à en être le pere & à en faire le bonheur, les feuls dignes d'un fouverain, ne ceffant de fignaler les commencemens de fon regne par des traits d'humanité & de bienfaifance? Pourroit-il y en avoir un plus grand, plus capable d'y mettre le comble, plus digne de l'immortalité, que l'établiffement de ces hôpitaux?

CETTE converfion fera même très-favorable à l'Etat monaftique. Il recouvrera la régularité primitive; Il regagnera la confidération publique. On n'y recevra plus toutes fortes de gens fans vocation, fans ferveur; On n'y admettra qu'un petit nombre d'hommes capables des plus fublimes vertus, de la perfection évangélique. Les religieux feront réunis dans de grands monafteres fitués dans les villes. Y étant nombreux & expofés aux yeux du public, ils y obferveront la regle de leur ordre, la difcipline monaftique.

On ne pourroit dans le royaume donner exécution d'une maniere plus favorable au projet de réforme des ordres religieux & de diminution du nombre des monafteres, qu'on y a formé & commencé à exécuter.

L'ordre de Cireaux a peu de maifons dans les villes; Mais on en peut réunir les religieux dans les abbayes qui en font voifines, dans celles qui font chefs de filiation, & dans d'autres des plus confidérables. On a lieu de croire que le plus grand nombre de ces religieux & de ceux de plufieurs autres ordres défirent & feroient enchantés d'être fupprimés avec des penfions.

Cette converfion peut auffi fe concilier avec l'accompliffement des différentes chofes pieufes, meffes, anniverfaires, prieres que les fondateurs ont prefcrites.

Qu'il eft heureux, qu'il eft fatisfaifant qu'il foit auffi praticable, auffi facile de faire l'ufage le plus avantageux

des biens immenſes des monaſteres ,
qu'il l'eſt d'en faire un ſemblable d'une
grande partie des bénéfices, comme on
l'a vu dans le livre précédent.

CHAPITRE V.

Continuation du même ſujet.

IL y a pluſieurs ſiecles qu'il exiſtoit
un trés - grand nombre d'hôpitaux que
la charité, l'humanité avoient établis.
L'adminiſtration en avoit été donnée à
des eccléſiaſtiqes prêtres & diacres. Il
a exiſté auſſi une quantité prodigieuſe
de maladreries ou léproſeries que ces
ſublimes vertus avoient établies auſſi
pour les malheureux atteints de la lépre
ce funeſte don des croiſades. On voit
par le teſtament de Louis VIII, fait
en 1225, qu'il y en avoit alors deux
mille dans le royaume. L'adminiſtration
en avoit été confiée de même.

MAIS par la plus criante de toutes
les injuſtices, par la cupidité la plus

barbare, par l'inhumanité la plus révol-
tante, au mépris de la Religion, de la
charité, ces ecclésiastiques se sont em-
parés des biens de ces pieux établissemens,
dont ils avoient l'administration. Ils ont
commis cet horrible attentat à l'égard
des premiers lors du relâchement de la
discipline, & à l'égard des seconds après
la cessation de la lépre; Ils sont par-
venus à former des bénéfices.

La Religion, la charité, l'humanité,
l'Etat élevent un cri unanime, imposent un devoir indispensable pour les rendre à leur destination sacrée. Le vrai
moyen de l'opérer, est de les faire concourir à la dotation des hôpitaux devant donner les secours nécessaires aux
pauvres malades qui en étoient l'objet. Il est évident que cela peut facilement avoir lieu en y unissant ces
bénéfices. On doit donc en faire la re-
cherche avec le plus grand soin & l'u-
nion aux hôpitaux les plus voisins.

Il est un ordre hospitalier qui fut
institué pour secourir les malheureux at-

taqués d'une maladie contagieuse nom-
mée le feu de Saint Antoine: Maladie
qui fit de grands ravages en France dans
les onzieme & douzieme siecles. Cet
ordre est celui de Saint Antoine de
Viennois. L'objet de son institution ne
subsista plus lorsque cette maladie s'é-
teignit. Il se proposa *l'odieux* exemple
des ecclésiastiques dont on vient de parler ; Il imita leur *sacrilége* conduite à
l'égard des biens qui lui avoient été donnés pour soulager, pour soigner ces
malades ; Il se fit ériger en congréga-
tion de chanoines réguliers, se fit autoriser à les conserver ; Il les a fait
servir dès - lors au bien - être de ses
religieux, en qui on ne peut apercevoir
aucune utilité ni pour la Religion, ni pour
l'Etat.

La Religion , la charité , l'humanité,
l'Etat, réclament & prescrivent de même
de rendre ces biens à leur destination
sacrée. On doit donc aussi les faire
concourir à la dotation des hôpitaux
devant procurer le secours dont peuvent

avoir befoin les pauvres malades. On doit donc en faire l'union aux plus voifins. (*a*)

Il exifte le même devoir de faire contribuer les biens des ordres hofpitaliers qui n'exercent plus ou prefque plus l'hofpitalité, aux fecours dont ont befoin les pauvres, les malheureux. Tels font les ordres de Malthe & de Saint Lazare. Le premier a à la vérité un objet d'utilité qui eft la défenfe de la Religion, défenfe aujourd'hui vaine & inutile. Le fecond peut avoir celui qu'on a propofé ; Mais la plus grande partie de leurs biens leur a été donnée pour exercer cette grande, cette belle vertu. Or la maniere la plus convenable, la plus avantageufe dont ils puiffent le faire, eft de contribuer à ces fecours.

Ce n'eft point d'ailleurs l'Etat ou le Souverain qui nomme aux commanderies & aux autres bénéfices de l'ordre de Malthe.

(*a*) Ceci a été écrit avant la fuppreffion de cet ordre, & fon ajonction à celui de Malthe.

Ils ne font point deftinés, ils ne fervent point à récompenfer les citoyens qui le fervent. A l'égard de ceux de l'ordre de faint Lazare le contraire ne peut avoir lieu qu'en adoptant le plan qu'on en a préfenté.

Il ne peut être fait un ufage des bénéfices fimples, plus pieux, plus conforme à l'efprit de la Religion, plus utile, que de les faire concourir auffi à la dotation de ces hôpitaux. Ils ne fervent en général qu'à procurer un bien - être, les douceurs, les agrémens de la vie à quelques eccléfiaftiques.

Dans le cas qu'il s'y trouve des cantons où il n'y ait pas affez de monafteres pour y établir le nombre d'hôpitaux néceffaires, on peut en bâtir dans quelques - uns de leurs domaines. Au défaut de ceux - ci il réfulte qu'on doit en édifier & doter par le moyen des unions & de la contribution dont on vient de parler. Il réfulte même dans le cas de leur infuffifance qu'on le doit par l'union des biens de quelques monafteres voifins.

Pour ne point différer l'établissement nécessaire de ces hôpitaux, pour procurer le plutôt possible les secours qu'ils doivent donner à une grande partie des besoins du peuple, il y a lieu de faire encore contribuer à cette construction, à cette dotation, & même aux réparations des édifices, des monasteres qui y seront convertis, les biens des autres monasteres, des chapitres & de toutes sortes de bénéfices. Il en est une partie qui incontestablement est un patrimoine des pauvres : Les possesseurs n'en sont que les économes.

Les grandes villes étant remplies de monasteres, il sera facile d'y multiplier suffisamment & d'y distribuer convenablement des hôpitaux. Combien une si grande facilité ne doit-elle pas être avantageuse à la capitale immense du royaume ! L'excessive étendue de cette énorme ville, le prodigieux éloignement de ses différens quartiers rendent extrêmement difficile & sujet à toutes sortes d'inconvéniens de transporter des malades dans un ou deux hôpitaux ; Ils le rendent même impraticable pour tous ceux qui font hors d'état de fupporter un long & pénible tranfport.

Il faut vaincre la foule & les embarras dans les rues: Il faut fe faire jour à travers les gens à pied, les chevaux & les voitures : Il y a à chaque pas des retards à effuyer: Il y a à chaque inftant des dangers à éviter. La pluie ou la neige, le froid ou la chaleur font pour l'ordinaire pendant des voyages auffi longs que difficultueux la guerre aux malades portés fur des brancards. Quel trouble, quelle agitation ne doivent pas fe joindre à la premiere effervefcence de leur maladie ! Quelle augmentation, quelle violence ne doivent-ils pas y ajouter !

La réunion d'un très-grand nombre de malades dans un même lieu, dans une même habitation corrompt l'air. Rien n'eft même plus contraire à une bonne police dans l'enceinte d'une ville.

Quel fpectacle pouroit être plus effroyable que celui qu'offre l'Hotel-Dieu

de

de cette capitale. L'humanité en frémit
d'horreur. L'air y est infecté, presque
contagieux, ainsi que les lits, les meubles,
les linges, même les bâtimens. Ceux-ci
sont bien éloignés d'être assez vastes
pour qu'il puisse y avoir suffisamment de
salles pour ne pas mettre un trop grand
nombre de malades dans chacune, pour
les séparer suivant les différentes especes
de maladies, pour les pourvoir de lits
convenablement, pour les disposer de
maniere à pouvoir leur donner les secours,
les soins nécessaires.

On remplit les salles d'autant de malades qu'il y en peut entrer. On en met
dans les lits autant qu'il y en peut cou-
cher. Il y en a quelquefois jusqu'à six
& même huit dans un même, une moitié
à la téte & l'autre aux pieds. Les uns
sont plongés dans des sueurs dont la
vapeur est très-mal-saine: Les autres
sont excités à des évacuations qui en
exhalent une pire. Les uns sont provo-
qués à des vomissemens, les autres laissent
aller leurs excrémens. Les uns ont des

Tome III. M

suppurations infectes : Les autres expectorent des crachats pareils. La respiration, la transpiration, l'odeur fétide des uns font une contagion pour les autres. Les mouvemens, les plaintes des uns empêchent la tranquillité, le repos des autres. Les maladies quelquefois des uns sont légeres, & celles des autres sont incurables. Il arrive même quelquefois qu'il y en a qui sont mourans, qui sont morts : Leur spectacle effraye, désespere les autres.

Il s'en faut bien que les édifices de cet hôpital soient aussi assez vastes pour y loger le nombre des personnes nécessaires pour secourir, soigner, soulager cette multitude énorme de malades. Il est très-difficile d'en trouver sur-tout de celles qui y sont propres, qui veuillent s'exposer à la contagion de cette maison, se sacrifier au service de ces misérables ainsi entassés pour ainsi dire confusément les uns sur les autres. Il est très-difficile de faire régner parmi le nombre insuffisant qui y est employé, de la subordination, de l'ordre, un service exact, de leur faire donner les secours, les soins, les soulagemens dont les malheureux ont besoin.

Il n'est pas possible de donner à la quantité si prodigieuse de ces malades des alimens convenables à leurs différentes maladies. Il est des heures fixées pour distribuer du bouillon, de la ptisane. On les porte, on les crie le long des salles, des lits ; On fait un bruit assomant, très-nuisible aux malades. Les uns n'ont ni le courage, ni la force d'en demander. Les autres ont un dégoût, ou une répugnance assez ordinaire dans les maladies pour ces alimens.

Les opérations de chirurgie nécessaires pour la guérison d'un grand nombre n'y réussissent presque jamais, y sont même souvent dangereuses, soit à cause de la contagion qui y règne, soit à cause des soins qui y manquent.

La plupart des malades au lieu d'y recevoir une heureuse guérison, y contractent des maladies mortelles : Au lieu d'y recouvrer la santé, ils y trouvent la mort.   M 2

La grandeur énorme de Paris, la multitude prodigieuse de peuple qui l'habite, exigent qu'il soit établi des hôpitaux dans ces différens quartiers. Le nombre étonnant de monasteres qui y sont répandus, en offre un facile, un heureux moyen.

CHAPITRE VI.

De l'institution des hôpitaux nécessaires pour procurer les secours qui ne peuvent être donnés en particulier ou séparément aux citoyens qui en ont besoin

Il résulte de l'objet de l'établissement de ces hôpitaux qu'il leur doit être fixé un district dont ils seront chargés de recevoir, de secourir les pauvres malades, infirmes, vieillards, les enfans ne pouvant ou ne sachant travailler des derniers, & de ceux des seconds qui sont des infirmités habituelles, les pauvres orphelins étant dans le même malheureux cas, les enfans illégitimes, abandonnés.

Dans les lieux où il est des hôpitaux établis pour donner aux uns & aux autres des secours, il n'y aura lieu que de suppléer à leur insuffisance.

Il doit être donné aux malades, aux infirmes accidentellement les traitemens, les remedes, les soulagemens dont ils ont besoin, jusqu'à une parfaite guérison, jusqu'à un entier recouvrement de la faculté de travailler.

Il doit être donné aux vieillards, aux infirmes habituellement une nouriture, un logement, un vêtement convenables, tous les soins nécessaires.

Il en doit être donnés de même aux enfans dont on vient de parler. Il leur doit être donné particuliérement tous les soins attentifs & tendres qu'exige l'enfance. Il est très-essentiel de n'en mettre en nourice que chez d'honnêtes-gens qu'on puisse surveiller. Il leur doit être donné particuliérement encore tous ceux en si grand nombre & de tant d'especes qui sont nécessaires pour leur éducation.

On doit faire travailler les vieillards,

les infirmes, les convalefcens qui en font
capables, aux ouvrages auxquels ils peuvent être propres. C'eft l'avantage des
uns & des autres de s'occuper. C'eft l'a-
vantage des hôpitaux de tirer leur fubfiftance autant qu'il eft poffible du produit
de leur travail.

On doit enfeigner aux enfans à mefure
que l'efprit fe forme, la Religion & les
devoirs de citoyens ; Mais on doit leur
apprendre lorfque le corps a acquis affez
de forces, quelque maniere de travailler :
C'eft le moyen de leur faire acquérir
la faculté de gagner leur vie ; C'eft le
moyen de faire procurer aux hôpitaux,
déja par un travail, les moyens de les
nourir & de les élever.

Il réfulte une obligation pour les villes,
bourgs, villages de faire conduire leurs
pauvres malades, infirmes, vieillards, &
ces enfans dans l'hôpital dans le diftrict
duquel ils feront. Ils doit être ordonné
aux officiers de police, ou municipaux,
aux fyndics, échevins même fous des
peines de les y faire transporter avec

la diligence, les précautions, les soins nécessaires & convenables.

Le devoir des pasteurs, la charité qui doit les caractériser, le zele qui doit les animer, leur imposent une obligation d'y veiller avec la plus grande attention. Il y a lieu de leur prescrire, si on ne l'exécutoit pas, d'en informer aussi-tôt l'officier à la tête du département, tel que dans le royaume le subdélégué.

La douceur, la sensibilité, les dispositions naturelles des femmes les rendent infiniment plus propres aux soins, aux attentions, à la commisération dont ont besoin les malades, les infirmes, les vieillards & les enfans, ainsi qu'à l'éducation des derniers.

Les sœurs de la charité par leur institut, par leur destination, par leur formation, par leur dévouement à toutes sortes d'occupations, par leur modique dépense paroissent être celles qui y sont les plus convenables, qu'on doit y employer. Le nombre en pourra être fixé au pur nécessaire.

IL est vraisemblable que chaque hôpital n'aura besoin que d'un médecin & d'un chirurgien. Il y aura lieu de ne leur donner que de très - modiques appointemens, comme on le verra.

Un directeur & un économe y suffiront, l'un pour faire observer l'ordre, la discipline, la police, l'autre pour administrer les affaires, faire la recette & la dépense. En choisissant un prêtre pour le premier on pourra encore le charger du gouvernement pour le spirituel, des fonctions de pasteur.

Il doit être établi un conseil pour décider, statuer sur tout ce qui poura l'exiger à l'égard de ces premiers objets. Ce conseil peut être formé dans les campagnes de ce directeur, de cet économe, du médecin, & du chirurgien qui résidens sur les lieux seront à même d'avoir les connoissances nécessaires, ainsi que de quelques curés voisins les plus intelligens,

Il convient de lui prescrire des assemblées régulieres assez fréquentes, sans préjudice d'extraordinaires toutes les fois qu'il fera nécessaire. Il paroit que lorsqu'il y auroit été traité d'affaires de grande importance, il feroit prudent d'en faire donner connoiffance à l'adminiftrateur de la province, ainfi que de la délibération & des motifs à l'effet de l'approuver ou de la défapprouver.

Il y a lieu de maintenir ces hôpitaux dans la force de leur inftitution, de prévenir ou réformer les abus en établiffant des infpecteurs pour les vifiter chaque année. Il n'y aura qu'à leur donner les inftructions néceffaires, leur faire rendre compte de tous les objes concernant la police, la difcipline, l'ordre, la régie des affaires, la recette & la dépenfe de ces hôpitaux : Il n'y aura qu'à les charger d'informer des abus qui fe feront introduits, de ceux qui feront à craindre, de propofer les réformations, les changemens qui leur paroîtront convenables.

Il eft de la derniere importance d'éviter un vice attaché à prefque tous les

grands établiſſemens, qui en a fait dé-
génerer & tomber beaucoup. C'eſt d'é-
viter que les frais d'adminiſtration ne
ſoient conſidérables & n'abſorbent une
grande partie des revenus.

Il eſt un moyen d'exciter les vieillards, les infirmes, les convaleſcens au
travail par l'intérêt qui eſt le ſeul reſſort
qui fait travailler les hommes. Il n'y a
qu'à leur payer l'excédent de la valeur
de leurs ouvrages au – delà de la dépenſe qu'ils coûteront chaque jour aux
hôpitaux, ce qui peut facilement s'eſtimer. Mais cela doit avoir lieu ſans aucune diminution, ni retenue pour les
temps de maladie. Cela eſt de nature à
s'exécuter en procédant fréquemment à
la reconnoiſſançe des ouvrages des uns
& des autres.

C'eſt auſſi un moyen de faire naître
du goût, & de donner de l'émulation
pour le travail aux enfans qui en ſont
capables. Ce qui leur ſera payé pour
l'excédent de leurs ouvrages, comme on
vient de le dire, ſervira à leur procurer

des douceurs. On poura en mettre en réserve une partie pour un objet le plus avantageux, pour leur donner dans la suite les facultés de s'établir

On peut leur enseigner l'agriculture, le premier de tous les arts, par le moyen de bons agriculteurs qui cultiveront avec eux les terres voisines appartenantes aux hôpitaux ; On peut leur enseigner d'autres arts convenables par le moyen de bons artisans, qui travailleront avec eux au profit de ces maisons.

Ce doit être aux hôpitaux un devoir envers ces enfans de tenir lieu de pere & de mere. Ce leur en doit être un envers l'Etat de lui en faire des citoyens honnêtes & utiles. Ils ne doivent pas seulement les élever ; Ils doivent encore lorsqu'il sauront suffisamment exercer l'agriculture & l'industrie, & qu'ils seront en état de gagner leur vie, les placer chez de bons & d'honnêtes agriculteurs ou artisans ; Ils doivent encore veiller sur leur conduite jusqu'à un âge mur ; Ils doivent encore lorsqu'ils auront atteint celui de s'établir, de se marier, leur en donner tant par le moyen de la réserve dont on vient de parler qu'autrement les facultés.

Ces hôpitaux doivent être des aziles ou l'humanité, la charité, la bienfaisance tendent les bras aux malheureux. Il faut qu'ils ne puissent leur être en aucune maniere redoutables. Il n'y doit être exigé qu'un travail modéré ; Il y doit être accordé des loisirs, des récréations convenables, toutes les douceurs possibles : Il y doit être donné particuliérement aux vieillards, aux infirmes une honête liberté celle de prendre l'air, de se promener hors les temps de travail & encore lorsqu'ils en auront besoin, même des congés lorsqu'ils désigneront le lieu où ils voudront aller, la maniere dont ils pouront y vivre, & qu'ils donneront lieu d'espérer d'eux une bonne conduite.

Nombre de raisons dictent, prescrivent même d'envoyer les enfans, les vieillards, les infirmes habituellement des villes dans les hôpitaux des campagnes.

L'air y eſt plus pur, plus ſain. Les
jardins, les terreins contigus, les terres
appartenantes à ces hôpitaux, l'économie rurale doivent y procurer une quantité
de choſes néceſſaires à la vie ; Elles y
ſont d'ailleurs beaucoup moins cheres &
meilleures. On peut y avoir des empla-
cemens plus vaſtes. Ce n'eſt que là qu'il eſt
praticable d'enſeigner aux enfans l'agriculture. Il y a plus lieu d'y donner aux uns
& aux autres des douceurs, de la liberté, particuliérement celle de prendre
le grand air, de ſe promener.

Il réſulte enfin encore de l'objet de l'établiſſement de ces hôpitaux
qu'ils doivent procurer dans leur diſtrict
les ſecours néceſſaires aux pauvres malades & infirmes qui ne pouront y être
tranſportés, auſſi bien qu'aux autres.

Il réſulte à tous égards qu'ils doivent
donner auſſi tous les ſecours qu'on a dit
& de la maniere qu'on a expoſé à l'égard
des malades & des infirmes, aux ſoldats
qui s'en trouvent dans le beſoin. Ceux
qui leur ſont néceſſaires dans les mêmes

cas, font un objet très - important au
bien général, & il feroit contre l'intérêt de l'Etat d'établir d'autres hôpitaux pour les fournir. Il réfulte encore
qu'il ne peut plus être befoin, qu'il
devient inutile d'avoir dans les différens
corps de troupes, des chirurgiens.

QUELLE diminution de dépenfes, quelle
économie n'aperçoit - on pas pour la France, à l'égard des hôpitaux militaires
qu'elle entretient & des chirugiens dans
chaque régiment qu'elle foudoye!

CHAPITRE VII.

Avantages particuliers, très - précieux que peut procurer l'établissement des hôpitaux nécessaires, pour donner la plus grande partie des secours que l'État doit au peuple.

La plupart des habitans, même aisés des campagnes, manquent de médecins, de chirurgiens, de traitemens, de remedes dans leurs maladies, dans leurs infirmités à cause de la difficulté d'en avoir & de la dépense de s'en procurer des villes. Ils succombent même par ce défaut aux maladies les plus légeres.

Il est de l'intérêt du bien de l'Etat de pourvoir à ce qu'ils puissent en avoir facilement ; Or les hôpitaux qui seront établis dans les campagnes en donneront le moyen. Les médecins, les chirurgiens qui y seront, pouront visiter, traiter tous les malades & les infirmes du district. Il y aura lieu de ne leur accorder que de médiocres honoraires proportionnés aux facultés du plus grand nombre, eu égard qu'ils devront déja avoir des appointemens. Les pharmacies de ces hôpitaux pouront aussi leur fournir les remedes néceffaires. Il y aura lieu de ne leur régler qu'un bas prix, convenable aux moyens du plus grand nombre, en confidération de ce qu'elles ne doivent point faire de bénéfices.

Il y a même une partie du peuple des villes qui n'eft pas affez pauvre pour être reçue dans les hôpitaux, & qui n'eft pas affez riche pour payer chérement des médecins, des chirurgiens, des remedes. Les hôpitaux peuvent avoir les mêmes avantages à fon égard, lui procurer les uns & les autres de la même maniere.

On ne peut contre le vœu de le nature empêcher les citoyens ayant embraffé la profeffion militaire, ou les foldats, de fe marier. Il eft du bien de l'État de les laiffer procréer des enfans: C'eft nuire à fa puiffance, c'eft reftreindre la population, c'eft caufer la

dépravation

dépravation des mœurs, que de forcer un grand nombre d'hommes de la plus belle espece, l'élite de la jeuneffe au célibat.

Les hôpitaux qui doivent être établis, peuvent encore avoir à cet égard un grand objet d'utilité ; Ils peuvent fubvenir à la fubfiftance & à l'éducation des enfans des foldats qui fe marieront & qui ne pouront y pourvoir.

Il a été établi & fondé des hôpitaux à ce fujet par une grande princeffe, célebre par fon génie mâle & par fes grandes vues pour le bien de fes états, qui a confidéré que les vues de la politique ne devoient pas contrarier celles de la nature, qui a vu que les unes & les autres fe réuniffoient même pour que les foldats fe mariaffent, qui a aperçu l'abus de les borner à la défenfe de l'Etat, le devoir de les faire concourir à fa population, qui a fenti la fageffe de les laiffer réparer d'avance les pertes que les dangers qu'ils font def-

Tome III.　　　　　　　N

tinés à courir, font craindre à leur égard pour l'avenir.

Quel penchant ne doit pas avoir la France à l'imiter! Elle voit briller sa sagesse, sa bienfaisance, toutes ses vertus dans une jeune reine son éleve qui les embellit des charmes de la beauté & des graces; Elle les a vues accompagner un prince, son digne fils, dans le cours des voyages les plus propres à instruire un souverain, comme la fable dit que Minerve accompagnoit Télémaque dans les siens: Prince philosophe qui dédaignant tout autre cortege, qui dépouillé de toute grandeur étrangere a excité l'admiration de tous les pays & fait la conquête de tous les cœurs.

CHAPITRE VIII.

Des secours que l'Etat doit au peuple, qui sont de nature, à être donnés en particu-culier aux citoyens qui en ont besoin.

CE sont les secours dont ont besoin les citoyens n'ayant d'autres facultés que celle de travailler, qui ne peuvent l'exer-cer dans des temps fâcheux, par le défaut d'ouvrages, par celui des matie-res premieres, d'instrumens nécessaires.

CE sont les secours dont ont besoin ceux de ces citoyens qui perdent le fruit de leur travail par des événemens im-prévus, par des accidens malheureux.

CE sont les secours dont ont besoin ceux de ces citoyens qui ne peuvent subvenir par leur travail à leur subsis-tance & à celle de leur famille lors de l'interruption de celui de leur femme dans les incommodités des grossesses, dans les temps de couches, pendant qu'elle nourrit, qu'elle soigne des enfans, lors de l'exiftence d'un grand nombre de ceux - ci, lors de chertés, de difettes.

Ce font les fecours dont ont befoin les enfans de ceux de ces citoyens qui font privés de la faculté de travailler par des maladies, par des infirmités paffageres.

La maniere de conftruire & d'entretenir les chemins publics qui réfulte de la nature de la chofe, comme on l'a fait voir, doit procurer fréquemment du travail à une partie des petits agriculteurs & des journaliers fervans à la culture des terres.

Mais l'adminiftration doit être attentive à ce qu'ils n'en manquent jamais, fur - tout dans les temps fâcheux, dans les faifons ingrates; Elle doit charger les adminiftrateurs des provinces de voir par eux - mêmes, par les officiers à la tête de leurs différens départemens, tels qu'en France les fubdélégués, les ouvrages qu'il feroit néceffaire, convenable, avantageux de faire dans leurs divers cantons. Il doit toujours y en avoir, ou dans un endroit ou dans un autre. Il est nécessaire de réparer souvent les chemins qui servent pour la culture des terres, pour la récolte de leurs productions, pour la communication des différens lieux. Il est convenable, avantageux d'aligner les lits des rivieres, des ruisseaux dont les circuits tortueux mangent un terrein précieux, d'y contenir ceux dont les courses vagabondes causent des ravages funestes. Il est convenable, avantageux de faire usage des ruisseaux, des fontaines pour arroser, fertiliser les prairies. Il est convenable, avantageux de dessécher, de rendre sains & féconds les marais, les terreins humides. Il est convenable, avantageux de mettre en culture, les terreins en friche, les communes qui en sont susceptibles.

Les assemblées provinciales seront de la plus grande utilité à ce sujet. Elles seules sont capables de donner aux administrateurs des provinces les lumieres

nécessaires pour ces objets si importans
au bien de l'Etat. Personne ne peut aussi
bien que les députés des différentes parties
des provinces avoir les connoissances de
ceux de ces ouvrages qu'il est nécessaire,
convenable, avantageux d'y faire. Il n'est
rien de plus évident, de plus sensible à
cause de celle qu'ils y ont des lieux, à
cause des informations qu'ils font à même
d'y prendre, à cause des instructions qui
leur y seront données.

Il résulte de la nature de ces ouvrages,
ainsi que de celle de tout ouvrage public
qu'ils doivent être laissés à l'entreprise
de la manière qu'on l'a dit; Mais il résulte
aussi qu'on doit charger les adjudicataires
d'y faire travailler, d'y employer dans les
saisons ingrates, dans les temps fâcheux
les petits agriculteurs & les journaliers sur-
tout ceux travaillant à la culture des terres.

Il résulte encore de la nature de ces
ouvrages que le prix des adjudications
doit être payé par les habitans des lieux
& les propriétaires des fonds sur leur
territoire qui en profiteront. Il est facile

de le répartir entr'eux avec l'égalité proportionelle la plus parfaite en le distribuant au marc la livre des sommes auxquelles ils seront cotisés dans le rôle de l'unique imposition qui y doit être fait. Lorsque ces ouvrages ne devront point profiter à tous, il résulte que le prix n'en doit être payé que par ceux qui en auront l'avantage. Il peut être réparti entr'eux avec la même égalité, de la même maniere en raison de celui ou du profit particulier qu'il sera estimé que chacun d'eux en retirera.

L'ADMINISTRATION doit aussi veiller & pourvoir à ce que les citoyens industrieux ne manquent jamais d'ouvrages, de matieres premieres, d'instrumens nécessaires.

ELLE doit encore donner attention à ce qu'il y ait toujours du débit des productions de l'agriculture & de l'industrie, à ce qu'on puisse toujours les vendre facilement & avantageusement.

IL est ensuite un autre moyen résultant de la nature de la société civile de procurer les secours nécessaires aux citoyens

que les précautions ne garantiront pas
des besoins dont il est question: C'est
de faire contribuer, comme on l'a déja
dit, les riches de leur superflu qui n'a
pu se former, & qui ne peut subsister
qu'en leur enlevant le néceffaire. Il est
inutile de répéter la maniere dont cela
peut se faire.

On a vu que lors de l'établissement
de la dixme il en a été affecté une part
aux pauvres. Ils y ont un droit sacré &
inviolable. Elle leur appartient toujours;
Elle est aussi un moyen de procurer ces
secours; Elle a été fixée au tiers de son
produit; Mais d'après toutes les révo-
lutions qu'a essuyés ce tribut pieux, tous
les changemens qui y sont survenus, ce
n'est que dans l'excédent de son produit
au-delà de ce qui est néceffaire pour
subvenir à la subsistance des pasteurs &
aux dépenses du culte Divin, qu'elle peut
consister.

Il faut que les citoyens qui ont besoin
de ces secours, puissent facilement les
faire connoître à l'Etat. Les officiers de

police ou municipaux dans les villes, &
les curés dans les villages font un canal
par lequel il est facile qu'ils le fassent.
Il n'y a qu'à obliger les uns & les autres
d'en informer ensuite de leurs demandes
l'officier à la tête du département, tel
qu'en France le subdélégué, & celui-ci
l'administrateur de la province.

Ce dernier pourra alors procurer ces
secours par le moyen du produit de la
contribution & de l'excédent de celui de
la dixme, desquels on vient de parler.
Dans le premier cas il n'aura qu'à ordonner au receveur-général de la province de donner un mandement sur les
collecteurs de cette contribution & de
l'unique imposition dans le lieu ou les
environs. Dans le second cas il n'aura
qu'à concerter avec l'évêque pour envoyer des ordres au receveur de la dixme
d'en donner un sur les fermiers de ce
tribut dans le lieu ou les voisins.

Il résulte que ces mandemens doivent être
envoyés aux officiers de police ou municipaux, aux curés qui auront informé

des besoins qu'il s'agira de secourir, &
qu'ils leur doivent être payés. D'où il
s'ensuit une obligation de leur part d'en
donner quittance, & de justifier de la
remise du montant aux citoyens pour qui
ils seront destinés. Il paroît convenable
qu'ils soient tenus de la faire en présence
de deux notables habitans au moins, &
d'en constater par un certificat signé d'eux.

Il est facile d'obvier à ce qu'il ne puisse
point être fait de divertissement, de ré-
tention, de déprédation de cette contribution. Il n'y aura qu'à faire imposer séparément à ce sujet les riches dans les
rôles de l'unique imposition : Il n'y aura
qu'à charger les receveurs particuliers &
généraux dans les provinces d'en faire
une recette à part & d'en tenir une caisse
séparée : Il n'y aura qu'à les obliger d'en
rendre un compte particulier de la même
maniere que de l'unique imposition, sur-
tout dans une forme légale. Si le produit en est surabondant dans des provinces, les receveurs - généraux seront dé-
clarés reliquataires ou débiteurs de l'excé-

dant, dans les comptes judiciels qu'ils rendront, & ils en devront compter l'année suivante. Outre la maniere dont ils devront justifier de leur recette à l'égard de cette contribution comme à l'égard de l'unique impofition, il eft encore un moyen d'en connoître dans la plus grande exactitude le produit : Il n'y a qu'à en faire rendre compte aux receveurs-particuliers de chaque province avant le receveur-général, faire un relevé du produit de la recette de chacun des premiers, & vérifier fi le total fe trouve conforme au produit de la recette du dernier.

CHAPITRE IX.

Conclufion de ce Livre.

Il n'y aura que quelques individus parmi le peuple qui pouront éprouver des befoins imprévus & momentanés. Il eft néceffaire, il eft jufte qu'ils puiffent alors avoir recours à la charité, qu'ils puiffent folliciter de fa bienfaifance des fecours inftantanés.

Mais il feroit très-contraire au bien de l'Etat de laiffer établir la mendicité qui favorifa l'oifiveté, qui occafiona vagabondage. Il ne doit donc être permis de mendier que pendant la durée de ces befoins & dans le lieu où l'on réfide pouvant en général fuffire à ces fecours, ou s'il eft infuffifant, dans le plus voifin. Il ne peut jamais l'être de mendier ailleurs, que dans le cas de voyages néceffaires pour fe rendre à des affaires ou pour chercher du travail, & qu'en fuite de certificats qui en conftatent la vérité, qui marquent le terme des voyages. Il pourroit même convenir d'en exiger auffi dans le premier cas dont on vient de parler.

On doit profcrire la mendicité de profeffion; Mais il eft très-injufte, il eft très-inhumain d'empêcher des citoyens n'ayant point de biens, ne pouvant par le travail fe procurer les chofes néceffaires à la vie, éprouvant fans fecours de durs befoins, d'implorer les bienfaits de la charité. C'eft la méprife la plus groffiere, que de les confondre avec de mauvais

sujets mendians de profession, prostitués
à l'oisiveté, livrés au vagabondage. C'est
l'injustice la plus criante, que de leur
infliger les peines que ces derniers méri-
tent, que de les réduire avec eux en pri-
son, que d'ajouter à la malheureuse privation de biens, la cruelle perte de la
liberté, que de leur faire souffrir de plus
durs besoins, encore, & de les livrer à
toutes sortes de mauvais traitemens, que
d'en faire des victimes de la cupidité, de la
barbarie des préposés à leur subsistance,
à leur garde, que de violer à leur égard
les droits les plus sacrés d'homme & de
citoyens.

Il est juste, il est du bien de l'Etat
d'enfermer les mendians de profession
pour plus ou moins de temps suivant le
cas & les récidives ; Mais on doit les
faire travailler aux ouvrages auxquels ils
sont propres, qui peuvent être convenables.

On doit même le pratiquer ainsi à l'é-
gard de tous autres citoyens, réduits dans
les prisons ; On doit leur y faire rem-

plir cette destination de l'homme ; On
doit leur y donner les moyens de se
procurer les choses nécessaires pour les
différens besoins de la vie. Ce n'est que
dans le cas qu'ils ne veuillent pas en
faire usage, qu'il peut être permis,
légitime de ne les y pourvoir que de
celles absolument indispensables à son
soutien.

L'ÉTAT en procurant les secours dont
le peuple a besoin, préviendra les cri-
mes, moyen le plus propre, le plus
efficace de les empêcher. La charité ne
les donne point à sa place. Il est mo-
ralement impossible qu'il puisse les obtenir de sa bienfaisance. Il se trouve des
malheureux qui à la fin se décident à se
les procurer par la force, poussés par
les plus pressans besoins, animés du sentiment intérieur qu'ils leurs sont dus,
que la nécessité fait recouvrer les droits
communs & égaux des hommes aux dons
de la nature, excités souvent par la
plus vive tendresse pour leur femme,
pour leurs enfans, par le plus violent

défefpoir de les voir manquer de tout. Ils viennent à regarder comme ennemis ceux qui pouroient & qui ne veulent pas les fecourir ; Ils viennent même à regarder comme ennemie la fociété qui ne le fait pas & qui s'oppofe à la feule maniere qu'ils ayent d'y fuppléer ; Ils ne finiffent que trop fouvent par attenter à la vie de ceux à l'égard de qui ils en font ufage & qui pouroient les décéler, par regarder comme légitime le moyen de défendre la leur qu'ils leur feroient perdre dans d'horribles fupplices.

Une partie des enfans nés de parens ne pouvant fubvenir à leur fubfiftance, à leur éducation, fur - tout des orphelins, de ceux qui font illégitimes, abandonnés, ne fauroient manquer d'avoir un fi funefte fort. Au lieu d'être de citoyens utiles à l'Etat, ils ne font affez communément que de mauvais fujets à charge, même dangereux à la fociété.

Il ne peut y avoir que des hommes plongés dans une entiere ignorance de la nature de la fociété civile, privés de tout sentiment d'humanité , qui puissent prétendre que les hôpitaux ne sont pas nécessaires, qui osent avancer qu'ils sont désavantageux.

Il est d'abord incontestable qu'ils sont nécessaires aux enfans dont on vient de parler. Il l'est aussi qu'ils le sont aux petits agriculteurs & artisans , aux journaliers & ouvriers qui ne gagnent presque chaque jour que pour vivre , qui ont cependant à le faire à l'égard des jours de fête, qui doivent ordinairement le faire encore au sujet de leur femme , de leurs enfans. Comment des épargnes leur seroient - elles possibles ? S'il y en a qui le soient à quelques-uns, ce ne peuvent être que de très - modiques, incapables de subvenir aux besoins auxquels ils sont exposés non-seulement eux, mais encore leur famille. Ce ne peut être qu'au prix de sacrifices qu'il y a de l'injustice, de l'inhumanité d'exiger d'eux. Il est juste, il est raisonnable que des hommes obligés à un tra-

vail

vail continuel pour vivre, puissent avoir
quelques récréations pour se délasser.

Ce ne sont point les hôpitaux nécessaires pour donner les secours dont ont
besoin les enfans & les citoyens n'ayant
pour toute faculté que celle de travailler & en étant privés ou dépouillés, qui
peuvent être un appât pour la paresse.
Ce n'est que le goût pour l'oisiveté qu'on
laisse naître : Ce ne sont que les moyens
d'y vivre qu'on laisse établir : Ce ne sont
que les professions oiseuses qu'on tolere :
Ce n'est que la mendicité de profession
qu'on permet ; Ce n'est que le vagabondage qu'on souffre. Autrement le
besoin des choses nécessaires à la vie,
le désir d'une existence agréable sont
de puissans motifs pour porter, de puissans aiguillons pour exciter au travail.

» QUELQUES aumônes que l'on
» fait à un homme nud dans les rues,
» dit M. de Montesquieu, ne remplissent
» point les obligations de l'Etat qui doit
» à tous les citoyens une subsistance

» affurée , la nouriture , un vêtement
» convenable & un genre de vie qui ne
» foit point contraire à la fanté.

　　» AURENZEBE , continue - t - il , à
» qui on demandoit pourquoi il ne bâ-
» tiffoit point d'hôpitaux , dit : je ren-
» drai mon empire fi riche qu'il n'aura
» pas befoin d'hôpitaux. Il auroit fallu
» dire : je commencerai par rendre mon
» empire riche , & je bâtirai des hô-
» pitaux. » (*a*)

(*a*) Liv. 25 , chap. 29, de l'Efprit des Loix.

Fin du vingt - fixieme Livre.

LIVRE VINGT-SEPTIEME.

Des emprunts de l'État.

CHAPITRE PREMIER.

Funestes effets des emprunts de l'État.

C'EST une chose très-funeste à l'État, que d'avoir recours à des emprunts pour subvenir aux dépenses extraordinaires auxquelles il est exposé; Il n'en fait jamais que pour dépenser; Bien différent des particuliers il n'en retire jamais une utilité qui compense les intérêts qu'il en paye; Il n'est pas le maître d'ailleurs de diminuer les dépenses ordinaires qu'il est obligé de faire; Il est conséquemment forcé d'augmenter les impôts pour pourvoir au payement de ces intérêts.

Mais lorsqu'il survient des circonstances qui lui occasionent de nouvelles dépenses extraordinaires, il se trouve dans le cas de faire de nouveaux emprunts; Il se trouve dans le besoin de faire de nouvelles augmentations des impôts. Cel-

les - ci ne peuvent toutefois être por-
tées que jufqu'à un certain point. Lorsqu'elles ne font plus praticables, il n'y
a lieu d'y fuppléer que par des impôts
extraordinaires. Il ne tarde pas à être
obligé d'en établir ; Il fe trouve par la
fuite forcé de les augmenter, de les
multiplier ; Il l'eft enfin de les perpétuer ; Il fe met dans la fâcheufe fituation de devoir à jamais un capital im-
menfe ; Il réduit le peuple à la mal-
heureufe condition de fupporter toujours
un fardeau énorme.

Les impôts deviennent ainfi accablans;
Ils caufent pour lors eux - mêmes la
difficulté de leur recouvrement, & la diminution de leur produit.

Mais ils occafionent encore la décadence de l'agriculture, de l'induftrie &
du commerce ; Ces emprunts d'ailleurs
donnent des moyens faciles, commodes
de faire valoir l'argent, l'attirent & le
leur enlevent ; Ils augmentent de cette
maniere & par l'appauvriffement du peuple les demandes d'emprunts, le nombre

des emprunteurs, & font encore hauffer
à leur préjudice l'intérêt de l'argent ;
Mais ils procurent des moyens de vivre
fans travail, & leur enlevent même
enfin les hommes.

Ces emprunts font de plus paffer une
quantité confidérable des produits de
l'agriculture, de l'induftrie & du commerce, du moins de la partie qui forme
les revenus publics, dans les mains des
citoyens qui vivent dans l'oifiveté. Ils
les font fervir contre le bien & au préjudice de l'Etat à nourir leur pareffe,
leur inutilité.

Le haut intérêt de l'argent invite les
étrangers à prendre part dans ces emprunts & à y placer le leur. Les fom-
qui leur font payées chaque année pour
intérêts, contribuent à faire baiffer le
change & à rendre la balance du commerce défavantageufe.

Lorsque les dettes publiques confif-
tent dans des papiers circulans & forment une efpece de monnoie, c'eft un
nouveau & plus grand mal, elles ont

l'effet de toute augmentation de la masse d'argent. Les denrées se trouvent représentées par une plus grande quantité d'especes : Le prix en augmente ; La main-d'œuvre renchérit : Le commerce extérieur diminue.

ENFIN l'Etat se trouve réduit à la plus dangereuse extrémité de ne pouvoir plus avoir de ressources que dans des moyens extraordinaires, funestes, désastreux, qui entraînent sa ruine, & celle du peuple, qui sont la source de mille injustices, de mille vexations, qui enrichissent les traitans de profits excessifs, usuraires, qui leur procurent des fortunes immenses, rapides sur les dépouilles de l'un & de l'autre.

CHAPITRE II.

Funestes effets particuliers des emprunts viagers de l'Etat.

LES emprunts viagers de l'Etat n'ont pas à la vérité quelques-uns des pernicieux effets qu'on vient d'exposer; Mais ils en ont de particuliers les plus funestes.

ILS consistent dans de sommes aliénées moyénant le payement d'un intérêt annuel pendant la vie des préteurs; Or il est clair qu'il n'est possible de trouver à en faire que par l'appât avantageux du taux de cet intérêt. Ces emprunts ont donc encore plus que les autres l'effet d'obliger l'Etat, d'augmenter les impôts à fin de se procurer des fonds suffisans pour en payer les intérêts.

L'EXTINCTION ne peut s'en opérer que dans un long espace de temps; Mais la vicissitude des choses humaines l'ex-

pose à de fréquens événemens qui lui
causent des dépenses extraordinaires. Il
éprouve alors le besoin de faire de nouveaux emprunts de cette espece, de même
que quand il en contracte de perpétuels ; Il est donc de même dans la
nécessité de faire de nouvelles augmentations des impôts pour le payement
de leurs intérêts ; Il doit donc se trouver enfin de même forcé d'en établir,
d'en multiplier, d'en perpétuer d'extraordinaires ; Il s'expose donc de même
à devoir toujours des sommes prodigieuses ; Il expose donc de même le
peuple à supporter toujours un fardeau
accablant.

Ces emprunts sont ainsi non - seulement aussi funestes à l'agriculture, à l'industrie, & au commerce, que les perpétuels ; Mais les gros intérêts qu'ils
présentent, sont de bien plus vifs
appâts pour attirer l'argent ; Mais ils
sont de bien plus favorables moyens de
vivre sans travail ; Mais ils sont d'une
nature bien plus propre à faire naître

le goût de l'oisiveté ; Ils doivent bien plus que les autres encore faire hausser l'intérêt de l'argent , l'enlever ainsi que les hommes à ces principes de la puissance de l'Etat , & en causer la décadence.

Mais de plus ces emprunts offrent la perspective flateuse de pouvoir se procurer avec de modiques biens les commodités , les délices, les voluptés de la vie ; Ils opèrent sur la plupart des esprits une pernicieuse séduction ; Ils engagent un grand nombre de citoyens à y placer leur fortune ; Ils les déterminent à convertir de précieuses propriétés contre de simples jouissances ; Ils les dépouillent de leur patrimoine ; Ils les réduisent à un pur viager ; Ils les mettent dans l'impuissance de transmettre des biens à des enfans ; Ils leur ôtent les facultés de se marier , d'en élever. Il s'établit un luxe pernicieux & disproportioné aux fortunes ordinaires. La condition de ces rentiers est bien plus heureuse que celle des peres de famille ; Elle devient préférable : Le dégoût

saifit pour le mariage: Les charges de cet
état, l'éducation d'une famille effrayent:
Il naît un goût funeste pour le célibat:
Les mœurs se corrompent: La population
diminue.

CES emprunts pouffent l'effet de cette
féduction jufqu'au dernier excès, fur-tout
dans un état où il regne un luxe qui a
un mauvais principe; Ils parviennent à
étouffer les fentimens naturels; Ils ten-
tent des peres de famille par le trop puif-
fant attrait d'une exiftence agréable; Ils
leur font facrifier leurs enfans; Ils leur
font aliéner le patrimoine de leur famille;
Ils la leur font dévouer à la mifere après
leur mort; Ils leur font immoler fa fubfiftance, fon néceffaire à leur bien-être,
à leurs plaifirs. Que doivent devenir des
enfans élevés dans le fein de l'aifance &
réduits enfuite dans celui de l'indigence?
Comment peuvent-ils fubfifter? Quels
citoyens peuvent-ils former?

CHAPITRE III.

Que l'Etat peut être obligé d'avoir recours à des emprunts, & comme il en doit faire.

L'ÉTAT peut se trouver forcé de recourir à des emprunts malgré leurs funestes effets, pour subvenir à des dépenses extraordinaires. Des événemens malheureux ont pu avoir fait porter les impôts au plus haut - degré. Des circonstances pressantes sont capables de ne pas donner le temps de faire usage d'aucune ressource. Des besoins excessifs ont pu les avoir fait toutes épuiser. Ce font des cas fâcheux qui font au - dessus de toutes les regles. La nécessité n'a point de loi.

C'EST alors un mal inévitable pour l'Etat, que de faire des emprunts; Mais il est possible d'en prévenir les suites dangereuses : On peut en empêcher les pernicieux effets : On peut en rendre courte la durée On peut y apporter de prompts remedes.

L'ETAT ne doit jamais céder à la néceſſité d'en faire qu'en ſe précautionant contre le beſoin progreſſif de les accumuler, d'augmenter les impôts, d'en établir, multiplier & perpétuer d'extraordinaires ; Il ne le doit qu'en mettant l'agriculture, l'induſtrie & le commerce ces principes de ſa puiſſance à l'abri de toute décadence ; Il ne le doit qu'en ne pas s'expoſant à l'extrêmité dangereuſe d'avoir recours à des reſſources funeſtes, ruineuſes.

Il lui eſt de la plus grande importance de n'en contracter qu'en prenant des meſures pour en fixer la durée, pour la reſtreindre à un petit nombre d'années, pour en procurer une prompte extinction ; Or cela peut ſe faire en affectant des fonds aſſurés & en fixant des termes courts pour en exécuter ſucceſſivement le rembourſement.

Il réſulte du chapitre précédent que lorsque l'Etat eſt forcé à la fâcheuſe reſſource des emprunts, ce ne ſont point des viagers qu'il peut contracter. Il eſt évident que c'eſt par erreur qu'on les a regardés & qu'on les regarde comme

étant les moins désavantageux. Outre que
l'extinction ne peut s'en opérer que dans
un long espace de temps, il n'en peut
faire que moyénant de gros intérêts à un
taux ordinairement double de celui de
l'intérêt commun de l'argent : D'où il
résulte qu'ils ont dans les premiers temps
de leur exiftence une efficacité une fois
plus grande que les autres emprunts pour
produire les funeftes effets qu'on a fait
voir que ceux - ci ont , & que lorfqu'ils
font à moitié éteints, ils l'ont au même
degré , mais bien plus ils font en particulier des effets moraux les plus funeftes ;
Mais il n'eft ni mefures , ni moyens praticables pour les prévenir , pour les empêcher.

Tout ce qu'on a dit au fujet des emprunts de l'Etat, eft le plus parfaitement
confirmé par l'exemple de la France qui
depuis long-temps s'en fait une reffource
pour fubvenir aux dépenfes extraordinaires
qui lui furviennent , qui n'a pas deftiné des
fonds pour faire dans des termes fixés
& courts le rembourfement des perpétuels

qu'elle a contractés, & qui enfin a eu recours à des viagers.

ELLE est accablée d'une masse énorme de dettes; Elle a payé des sommes immenses pour les intérêts, & elle reste toujours débitrice des capitaux; Elle a surchargé le peuple d'impôts; Elle a été obligée de les augmenter successivement; Elle a été forcée d'en établir d'extraordinaires; Elle l'a été de les multiplier & de les perpétuer.

ELLE a fait naître une multitude prodigieuse de rentier, d'oisifs, Elle a attiré l'argent à ses emprunts; Elle en a soutenu haut l'intérêt; Elle a occasioné le déclin de l'agriculture, de l'industrie & du commerce; Elle a fait baisser le change & rendu la balance du dernier désavantageuse par les intérêts considérables payés aux étrangers qu'elle a invités à placer leur argent dans ses emprunts; Elle a même converti de ses dettes en papiers circulans comme monnoie; Elle n'a été que trop souvent réduite à faire des affaires extraordinaires & désastreuses, qui ont sur les dépouilles de l'Etat & celles du peuple enrichi avec une rapidité étonnante les traitans de fortunes immenses.

Lorsqu'elle a cru parer aux funestes effets des emprunts en recourant à des viagers, l'extinction n'en pouvant avoir lieu que dans un long - espace de temps, elle a été obligée de les renouveler souvent; Elle a été forcée pour le payement de leurs intérêts d'accroître les impôts extra-ordinaires que ses autres emprunts lui avoient fait établir, & de les perpétuer; Elle a augmenté la contagion de l'oisiveté; Elle a fait naître un goût pernicieux pour le célibat; Elle a porté atteinte aux sentimens naturels; Elle a occasioné la dépravation des mœurs; Elle a nui à la population.

CHAPITRE IV.
Moyens d'éteindre les dettes de la France & d'opérer sa libération.

Il n'est rien de plus intéressant pour la France que de se libérer du capital énorme

qu'elle doit : Elle doit faire les plus grands
efforts pour y parvenir ; Mais il n'est rien
de plus difficile : Les intérêts abforbent
la plus grande partie du produit des impôts
ordinaires qu'elle a fucceffivement aug-
mentés, & des extraordinaires qu'elle a
étonamment multipliés, ainfi que de fes
autres revenus : Le furplus peut à peine
fuffire à fes dépenfes ordinaires. Il n'eft
toutefois poffible de confommer l'extinction de ce capital, qu'en y employant des
fonds affez confidérables pour l'opérer
dans un efpace de temps dont la durée
n'expofe pas à ce qu'il furvienne des dépenfes extraordinaires qui puiffent les divertir, forcer à contracter de nouvelles
dettes, obliger à toujours le renouveler.

L'ordre & l'économie offrent des ref-
fources très-fécondes ; Ils doivent être
les principes de cette importante opération.
On a fait voir les grandes réductions des
frais de recouvrement & d'emploi des
finances, les précieufes améliorations de
leurs différentes branches, qui peuvent être
faites. Il fe préfente en foule des écono-
mies

mies particulieres très - lucratives à exécuter. Le bien de l'Etat prefcrit un grand
nombre de réformes très - avantageufes
à faire. Il y a lieu de beaucoup diminuer
les dépenfes : On les a vues fixées fort bas
dans le cours de ce fiecle , en 1416, 1717,
1718. (*a*).

Il a été démontré que l'unique impofition en fixant fa partie fondamentale feulement au vingtieme du revenu des biens
des citoyens, doit donner un produit fort
fupérieur à celui des impofitions actuelles
dont le nombre eft fi multiplié & le poids
fi accablant. Il eft certain qu'une partie de
l'excédent, ainfi que le produit des impôts
qu'il y a lieu d'établir fur des objets du
commerce intérieur, du nombre defquels
on a vu que font les productions des colonies, & fur le luxe ayant un mauvais
principe qui regne dans le royaume, font
capables de remplacer celui des aides;
Mais ce qui eft très - avantageux, C'eft

____

(*a*) Voyez les recherches & confidérations fur les finances de France.

Tome III. P

que ces impôts ne doivent porter que sur les riches.

Il est certain aussi que le surplus de cet excédent de l'unique imposition, ainsi que le produit des impôts qui doivent ou qui peuvent être établis sur des objets du commerce extérieur d'après les principes évidens qui ont été exposés, sont bien plus que suffisans pour remplacer & compenser celui des droits de traite; Mais ce qui est avantageux aussi, c'est que ces impôts doivent être favorables à l'agriculture, à l'industrie, au commerce, au bien de l'Etat.

Il a été démontré qu'un léger impôt sur le sel dans les salines, doit produire autant que les gabelles, & un médiocre sur le tabac autant que le privilége exclusif de la vente de cette plante : Il est évident que ce doit être un effet de l'administration qu'on a proposé à l'égard du domaine, d'en augmenter le revenu, que c'en doit être un en particulier pour les droits de contrôle, d'insinuation, de centieme denier qui en font de domaniaux, d'en accroître le produit.

Le domaine d'occident doit être remplacé bien au-delà par celui de l'unique impofition dans les colonies, par celui des impôts fur les productions de la métropole qui en font fufceptibles, dont elles ont befoin, & fur le luxe pernicieux qui s'y eft communiqué.

Mais il eft inconteftable qu'on peut établir l'unique impofition à un taux plus fort que ce lui dont on vient de parler. On a prouvé par des calculs clairs & évidens qu'à fuppofer qu'on en fixe la partie fondamentale au vingtieme du revenu des biens des citoyens, elle doit produire dans le royaume plus de 140,000, 000. de liv. En hauffant ce taux & le portant feulement au quinzieme de ce revenu, le produit en doit augmenter d'un quart en fus ou d'une fomme de plus 80,000, 000. de liv.

Il eft donc évident qu'il peut être formé un fonds annuel, confidérable & fuffifant d'amortiffement afin d'opérer

successivement le remboursement des dettes du royaume, & en consommer l'extinction dans un assez court espace de
temps pour qu'il ne puisse pas en être
diverti.

Il y aura lieu d'en faire d'abord usage
pour retirer par des achats particuliers,
suivant le cours de la place toutes les
rentes & autres effets qui y essuyeront
une perte. On pourra en faire un aussi
pour offrir chaque année à un grand
nombre de créanciers leur remboursement, & les engager par - là à réduire
l'intérêt de leur créances. Le bénéfice
de cette réduction accroîtroit ce fonds
d'amortissement, & contribueroit à faire
acquitter annuellement un plus grand
nombre de capitaux.

Mais ce qui est de la plus grande importance, c'est que s'il survient dans
l'espace de temps consacré à la libération de l'Etat des dépenses extraordinaires, l'unique imposition sera de nature
à pouvoir être augmentée de même que
les impôts sur le luxe, & qu'ils pouront

enfemble y fubvenir. On ne fera point
ainfi obligé de divertir ce fonds de fa
deftination la plus intéreffante au bien
& à la profpérité de l'Etat.

Il faudra plus d'un fiecle pour opérer
cette libération avec celui qu'on y a
deftiné ; Mais comme on eft forcé pendant les temps de guerre d'en faire un
autre ufage, & qu'il eft conftant par une
trifte expérience que ces temps font
d'une durée prefque égale à ceux de paix,
il en faudra près de deux ; Mais bien
plus, comme il eft impoffible que pendant un fi long cours de temps il n'arrive des événemens extraordinaires, &
comme les intérêts des dettes actuelles
doivent continuer à abforber une grande
partie des revenus, il eft évident que
l'Etat fera forcé de contracter toujours
de nouveaux emprunts.

Le même capital des dettes fe renou-
vellera donc toujours & fe perpétuera à
jamais. La libération de l'Etat fera donc
toujours reculée & deviendra impoffible.
Le peuple fera donc toujours accablé &

surchargé. L'Etat payera donc des sommes énormes pour les intérêts bien au-delà des capitaux, & ceux-ci resteront toujours dans leur entier.

Il paroît qu'il est un moyen d'accélerer encore cette libération. La plupart des villes, bourgs, villages, des communautés d'arts & de commerce ont des revenus. L'administration & le maniement de ces revenus sont une source d'abus, & de malversations, de déprédations. L'emploi s'en fait pour la plus grande partie en dépenses inutiles, superflues & même très-souvent pernicieuses.

Ces revenus ne contribuent pour l'ordinaire qu'à enfanter des procès, des chicanes, des désordres, des troubles, des divisions. On le voit arriver ainsi communément dans les petites villes, dans les bourgs & villages où ceux qui savent prendre un certain empire sur l'esprit des autres, trouvent leur intérêt à susciter & entretenir des procès. On le voit arriver ainsi continuellement à peu-près de même dans les communautés d'arts

& de commerce au sujet de leurs droits & prérogatives.

On peut faire fournir des états détaillés, exacts & fideles de ces revenus & de leur emploi. Il n'y a qu'à ensuite retrancher, supprimer toutes les dépenses inutiles, superflues, pernicieuses, & ordonner que le surplus sera employé à l'extinction des dettes de l'Etat. Il est très-vraisemblable qu'il en résultera un fonds considérable qui contribuera à rendre sa libération plus prompte, & qui ne sera point levé sur le peuple.

CHAPITRE V.

Moyen de débarrasser soudain dans le royaume l'administration de la masse énorme des dettes de l'Etat.

Ce seroit procurer dans le royaume à l'administration un suprême avantage, que de la délivrer soudain de la masse énorme des dettes de l'Etat ; Ce seroit la tirer d'une situation embarrassée & trés - fâcheuse : Ce seroit la faire passer tout d'un coup à une libre & avantageuse.

Or il est un moyen d'y parvenir : Il est le même quant au fond que celui qu'avoit imaginé un grand ministre, que celui que proposa M. Desmarets dans le rapport qu'il fit des finances à la fin de l'année 1714.

C'est de répartir les dettes de l'Etat entre les provinces du royaume & le clergé, de les charger du payement des intérêts & de l'acquittement des capitaux.

On pouroît en faire d'abord une ré-
partition provifionelle; Mais on la pro-
portioneroit enfuite au produit que
donneroit l'unique impofition dans chaque province; On fixeroit un temps dans
lequel devroit être confommée l'extinction
des capitaux.

Il n'y auroit pas lieu de fuivre cette
proportion à l'égard du clergé; Mais
on feroit fondé à lui demander de fe
charger en outre des rentes qu'il s'eft
obligé d'acquitter par le contrat de
Poiffy & par d'autres contrats pofté-
rieurs des décimes, d'une bonne partie
de celles dont l'Etat eft débiteur.

Il n'auroit pas à alléguer fon impuif-
fance; Il eft l'ordre le plus riche du
royaume. Rien ne feroit plus conforme
à la juftice diftributive : Il poffede au
moins le tiers des biens - fonds du
royaume fans parler de la dixme, des
redevances & autres droits qui lui appartiennent. Comment pouroit - il ré-
fifter à des motifs auffi puiffans que la
fituation la plus fâcheufe de l'Etat fuc-

combant fous la maffe énorme de fes dettes, que la pauvreté la plus mal-heureufe du peuple gémiffant fous le poids accablant des impôts, que l'é-puifement des autres ordres du royaume, que l'obligation à celui qui en eft ex-cepté & qui eft le plus riche, de par-tager avec eux le même fardeau ?

IL y a lieu de croire au contraire que le clergé fe piqueroit de fentimens pa-triotiques, qu'il feroit animé du noble zele pour foulager l'Etat & concourir à fa libération. Ses richeffes, fon opu-lence d'ailleurs font plus que jamais l'ob-jet des murmures, des clameurs, de la jaloufie des autres ordres.

MAIS il eft une chofe néceffaire pour le fuccès du moyen qu'on propofe pour accélerer la libération de l'Etat: C'eft de confier à chaque province auffi bien qu'à chaque pays d'états l'examen & le choix des moyens que la nature du pays, fa pofition peuvent lui procurer, qui peuvent lui être les plus convenables, les plus avantageux, foit pour le payement des intérêts des rentes qui lui feront réparties, foit pour le rembourfement de leurs capitaux dans l'efpace de temps qui fera fixé.

Cela peut avoir une facile exécution dans les différentes provinces par les députés ou repréfentans dont on a fait voir qu'il eft le plus avantageux, même néceffaire au bien de l'Etat d'y permettre l'élection & des affemblées.

Ce moyen donneroit lieu de diminuer les impôts à proportion du montant des intérêts que l'Etat n'auroit plus à payer, & du fonds d'amortiffement deftiné au remboursement des capitaux qu'il n'auroit plus à acquitter. Les provinces recevroient un grand foulagement;

Elles feroient choix & ufage des moyens particuliers qui feroient les plus convenables, qui feroient les plus économes, qui feroient les moins onéreux, pour le payement des intérêts & l'acquittement des capitaux des rentes dont elles feroient chargées au lieu & place des impôts dont elles font accablées.

F I N.

TABLE

DES CHAPITRES,

Du troisieme Volume.

TABLE

LIVRE XXIV.

LIVRE XXV.

DES CHAPITRES.

LIVRE XXVI.

LIVRE XXVII.

TABLE DES CHAP. &c. &c.

FIN.